生きるって楽しい！

新感覚のアイデンティティ

松本美登里
MIDORI MATSUMOTO

幻冬舎MC

生きるって楽しい！

新感覚のアイデンティティ

プロローグ

生きることは楽しい。

なにきれいごと言っているんだと非難されそうな言葉です。

職場での人間関係、家族の不仲、金銭問題、体調不良……悩みが尽きず、一難去ってまた一難。人生なんて楽しくない――そんな人は多くいます。

ましてや社会は不安を与えるような出来事に溢れているように見えます。

しかし、だからこそ、私は一人ひとりに向かって「大丈夫だ」と声をかけたいのです。

私は「人間の思考システム」を研究し、独自に開発した思考法を用いたスクール運営、セミナーや研修を通して、人々が日々を健やかに自分らしく生きるための方法を発信する企業の代表を務めています。

これまで延べ11万人の方々に受講していただき実証を重ねたこの思考法は、人間の意識の分野で「心のバランスを整えるための方法」として、米国と中国で特許を取得しています。

自分の悩みや、自分に起こっている事象の原因をシステムとして解明しているので、経験、学力、年齢などに関係なく、思考のテクノロジーとして、システムに自分の感情や出来事を当てはめるだけで、面白いように日々の状態が変わっていくのです。

詳しくは本文で解説していきますが、抱えている悩みや相手に対して抱く不信感の原因をシステムで発見できることは、画期的な体験になると思います。

また、この体験を通じて「自分を知っていく」ことができるため、今までの自分や、周りの状況に関係なく、新しい自分を発見して、日々を思ったとおりに創っていく始まりになります。

どんな人生であっても、大人でも子どもでも、今自分が抱えている悩みや出来事の根源が分かったら、外側に脅かされることなく、自分らしく楽しく生きることができるでしょう。

つらかった過去の経験を見つめ直すことを躊躇する方もいるかと思います。しかし、一人ひとりの人間のさまざまな感情に対峙し、それぞれのパターンを見つめてきた私たちだからこそ「自分を知ることは怖くない――システムを使ってたどり着くのは、自分が最高に満足できる自分自身だから大丈夫です」と胸を張って言えます。

どんな人生も、その人にとっては本当の自分に戻るために必要な体験だったと分かると、人生は本当に捨てたもんじゃないと思えるのです。

私たちは2001年にこの思考のシステムを社会に発信してからたくさんの方々の人生に関わってきました。さまざまな悩みを抱える方、過酷な経験をしてきた方、思いどおりにならない人生に行き詰まった方、面白く生きたいと願う方、人間の可能性を追求してきたけれど、もっと先があるはずだと求めてきた方など、たくさんの方々と出会い、その方々が今「楽しい」と声を高く上げてきてくれています。

問題を終わらせた先に待っていた自分のリアルな日々が、別次元を生きるように展開するのだから楽しいはずです。

体験者のたくさんの声が「生きるって楽しい」を生み出したのです。

本書では私たちが開発した心のバランスを整える思考のシステムを、段階を追って解説していきます。

皆さんがシステムについて理解し、一人でも多くの人が自分が求める最高の人生を実現する手助けとなればうれしく思います。

目次

ストーリー編 *Story*

解説編 *Explanation*

革新的な思考のシステムで実現する「生きる＝楽しい」

活動編　*Action*

Story

ストーリー編

誰もが
人生を再創造
できる

Part 1

幸せを
模索する日々

妹の死から変わった私の人生

「千尋、お誕生日おめでとう」

鏡のなかで、双子の妹の千佳が笑顔でそう告げる。めでたくなんかない。全然ない。私の人生なんか、もう終わってるんだから。鏡のなかの千佳は亡くなった20歳のときのまま、鏡を見ている私は髪もボサボサで顔色も悪く、疲れ果てているように見える。

何が誕生日だ。45歳になった私には、家族も親友も仲良しの同僚もいない。昨日と同じ、何の変哲もないごく普通の一日だ。いつものようにインターネットでニュースや動画を見るだけで夜が更けていく。八方ふさがりの毎日のなかで、ただ時間だけが無駄に過ぎていく。

こんな私でも、子どもの頃には両親が誕生日を祝ってくれていた。何よりも料理上手の母が毎年つくってくれるバースデーケーキが楽しみだった。そこにはいつもこう書かれていた。

「千尋&千佳　おたんじょうびおめでとう」

私と千佳とは、見た目こそそっくりでも、幼い頃から性格は正反対だった。素直で優しい千佳とは対照的に、私は自己主張が強く、いつも頭が固いと言われていた。でも、私たちは互いの違いを受け入れ、理解し合うことで、より強い絆を築いていた。

母のケーキを分け合うときも千佳が微笑みながら小さな一切れを選んだ。

「私はこっちでいいよ。大きいほうが欲しいんでしょ」

そう言ってにっこり笑う千佳の優しさに私はいつも救われていた。私が高校卒業後に大学には行かず、「いつか自分の店を持つ」という夢を叶える第一歩として調理師学校に行くと決めたときも、いちばん応援してくれたのはほかでもない千佳だった。

「女だてらに店を持ちたいだなんて、まったく千尋は何を考えているんだか」

大手機械メーカーに勤める父は厳格で、男社会にどっぷりつかった古くさい考えの持ち主だった。私の調理師学校への進学にも大反対で、千佳の口添えのおかげで渋々認めてくれたものの、ことあるごとに私を叱りつけ、厳しい言葉を投げつけてくるようになった。そんな父のお気に入りは自分の言うことをきいて4年制大学に進んだ千佳だった。千佳は私たち一家を照らす太陽のような存在だったのだ。

いや、今思えば私たち家族をつなぎとめる、たった一本の糸だったのかもしれない。

だから、彼女がこの世を去ったとき、私たちの世界は一変した。

それは私が調理師学校の卒業を間近に控えた20歳のときのことだった。朝、いつものように「行ってきます」と出かけた千佳の笑顔が、最後に見た彼女の姿だった。

その日の夕方、千佳はなんの前触れもなく突然の事故で、私たちの前から姿を消してしまった。

魂の片割れを亡くした私は心に大きな穴が空いたかのように、いつまでも喪失感を抱えていた。当然ながら両親も悲嘆に暮れ、父は沈黙し、母は悲しみに沈んだ。

そして千佳の死後、両親と私の関係は急速に悪化していった。両親は私を見るたびに千佳を思い出し、その悲しみから逃れるために私を避けるようになった。私自身も、千佳の死とその後の家族の雰囲気に打ちのめされ、自分を見失いそうになっていた。

しかし、いつまでもこのままではいけない。ある日、意を決して私は千佳の部屋を片付けることにした。そこには彼女が生きていた証し、そして私たちの思い出が詰まっていた。私たちが子どもの頃に一緒に遊んだおもちゃ、高校時代に一緒に勉強した教科書、そして千佳が思い描いた未来の夢が詰まった日記もあった。

私はその日記を開き、見慣れた千佳の文字を追った。そこには叶えられることのなかった彼女の夢や、日々の思いが綴られていた。そして、私は気づいた。千佳は私たち家族4人の絆がいちばん大切だと思っていたことに。

「千尋はもう自分の行くべき道をしっかり決めていて、本当にすごい。きっと学校を出たらあっという間に独立の夢を叶えて、この家を出て行っちゃうんだろうな。でも、そうなったらきっとお父さんもお母さんも寂しがるから、私が千尋の分までずっとここにいて親のすねをかじってあげようっと」

その文字が涙でかすんで見えなくなった。そして私は決意した。千佳の死を乗り越え、両親との関係を修復しようと。

千佳の想いを知り、これからは千佳の分まで親孝行をしようと素直に思えた私は、食品メーカーに就職することにした。「自分の店を持つ」という夢からは遠くなるように思えたが、調理師免許も活かせ、少しでも父の意向に沿った進路を選んだのだった。

私は、悲しみからなかなか立ち直れずにいた母にできるだけ話しかけるようにした。しかし、母の目は常にどこか遠くを見ていて、私や父の存在をほとんど認識していないようにも思えた。たまに目が合ったかと思えば、千佳そっくりの私の顔を見て泣き出すような始末だ。それだけでなく、時折私に「千佳」と呼び掛けては、千尋だと気づき、見るからにがっかりした表情を見せることもあった。それでも私は、母に声をかけ続けた。

そしてこれまで少し反抗的な態度をとっていた父に対しても、なんとか打ち解けようと努力した。しかし父から返ってくる言葉はいつも厳しく、それはまるで私に千佳の代わりになることを強要しているようにも聞こえるものだった。

それでも私は家族の絆を取り戻すために、一生懸命に努力し続けた。仕事で疲れていても、必ず家事を手伝い、父の厳しい言葉にも耐えていた。しかし、父の態度は変わることはなく、母は依然として沈黙を守っていた。そんなある日、耐え切れなくなった私は、ついに父と母にこう言ってしまった。

「お父さん、お母さん、私は千尋だよ。似ていても千佳じゃないの。千佳の代わりなんてできないから。千佳が死んだのは私だって悲しい。だからっていつまでもこのままでどうするの？　私たちは家族だよ」

その言葉に、父も母もしばらく黙ったまま私を見つめていた。

その日から、家族の雰囲気は少し変わったかのようにも思えた。特に母は私の話にも耳を傾けてくれ、少しずつコミュニケーションも取れるようになっていった。ところが、今度は母もはっきり物を言えるようになったせいか、父と言い争いをすることが増えてしまったのだ。そんなことが続き、苛立つ母は父だけでなく私にも厳しく当たるようになった。毎日が苦しく、つらく、この苦しみがいつまで続くのかと思うと、頭がおかしくなりそうだった。それはまるで出口の見えないトンネルに入り込んでしまったような暗闇を手探りで歩くような日々だった。

それから3年の月日が経ったが父の態度は変わらずかたくななままだった。

「おまえの意見なんて価値がない」

「どうせ周りに迷惑をかけるんだから、私の言うことを聞いていれば間違いない」

父からの理解のない言葉についに耐えられなくなった私は、「別の場所で暮らします」と書いたメモだけを残し、逃げるように実家を出て、当時付き合っていた男性の家に転がり込んだ。
もう父も母もどうでもいい。「いい娘」を演じるのをやめ、これからは誰にも邪魔されず、自分の幸せは自分で掴みとる――そう決意したのだった。

1度目の結婚と職場での孤立

その男性・誠二は、職場の先輩だった。私の事情をよく理解していた彼は、私を実家に帰すようなことはしなかった。とはいえ、同じ会社に勤める者同士がいつまでも同棲しているわけにもいかないだろうと、彼はともに暮らし始めてからすぐに私との結婚を決意してくれた。ロマンティックなプロポーズではなかったが、私はとても嬉しかった。生まれて初めて人に求められた。千佳の死後、初めて自分の居場所を持てた、そんな気がしていたのだ。

優しくて真面目な人柄の誠二は私の両親にもきちんと挨拶をしようと言っ

てくれたが、正直もう両親には会いたくなかった。誠二には「親にはここにいると連絡した」と言っていたがそれも嘘だった。家を飛び出してから、一度も連絡はしていない。母からは家出当初に連絡もあったが、ことごとく無視していた。

それでもやはり家族なのだから、結婚を決めたことくらいは報告をしなければならないだろうと思い、ある日恐る恐る電話をかけることにした。このときの私はまだ心のどこかで両親もきっと分かってくれるだろうと期待していたのだった。

しかし、電話に出た父も母も、今までどうしていたのかを一言も尋ねることなく、私を激しく叱責し続けた。

「どれだけ人に迷惑をかければ気が済むんだ」

「実の親を放っておいて冷たい娘だ」

「お前はいつも私たちを失望させる」

彼らは私の言うことにはまったく耳を貸すことなく、一方的に罵詈雑言をぶつけてくるだけだった。私は理解されない悲しさを痛いほど感じながら電話を切った。

結局、誠二にはすべてを話した。今すぐに両親との和解は無理だということを彼も理解してくれた。それから誠二のご両親に挨拶を済ませ、私の両親には手紙で結婚することだけを伝え、まもなく私たちは入籍をした。結婚式もせず、しかも両親と不仲の娘を嫁にもらうとあって、誠二のご両親は残念そうだった。

誠二の妻となった私は幸せで、両親のことも忘れることができた。しかし、結婚後しばらくして、私に会社から異動の内示があった。それは、これまでの商品開発部から、総務部への異動だった。夫婦が同じ部署にいる場合どちらかを異動させるというのが会社の暗黙のルールだった。そしてその犠牲になるのは常に女性だ。

覚悟はしていたものの、実際に異動してからは想像以上につらい毎日が続いた。以前の部署であれば企画や試作の段階で調理師の腕を活かせる場面もあったのだが、異動先の部署はひたすらパソコンと向き合う事務職だった。覚えなければならないことも多く、苦手な作業の連続で、私はなかなか仕事に慣れることができなかった。

当時はまだコンプライアンスやパワハラという言葉もないような時代で、上司は私を人前で厳しく叱り、時にはひどい言葉で激しく罵倒した。同じような年頃の同僚でさえも、私を足手まといのお荷物扱いし、冷たかった。この職場には私の居場所はない、そう思った。

結婚して幸せになれると思っていたら、今度は職場での孤立。私は改めて仕事について考えさせられた。誠二も、向いていない事務職がつらくて毎晩泣いているくらいなら、転職をしたほうがいいのではないかと言ってくれた。

その言葉に背中を押され、私は再び自分の夢を追いかける決意をした。

「いつか自分の店を持つ」——私は開業資金を貯めるために、ひたすら働き始めた。昼間は調理師学校で働き、夜や休日には料理教室も開催した。仕事は楽しかったが、誠二とのすれ違いも多く、家庭と両立できているとは言い難かった。そんな日々を続けて無理を重ねた結果、ある日私は過労で倒れてしまった。

これまで私の仕事を黙って見守ってくれていた夫の誠二も、今回ばかりはいい加減呆れてしまったようだ。彼のご両親からは「孫の顔が見たいから働くのはもうやめたら」と言われてしまう。気がつけば私も30歳を過ぎていた。

そして誠二が連絡したらしく、実家の母も見舞いに訪れた。もう何年会っていなかっただろうか。私はまた密かに和解を期待していた。しかし、結局母はまた、私の愚かさを叱りつけるだけでそそくさと帰っていった。

その頃の私には自身の体調のほかに、もう一つ不安に思っていることがあった。それは以前からうすうす気づいていたことだが、誠二の浮気だ。私の夢を応援すると言ってくれてはいたが、すれ違いばかりで、子どももできず、彼にとっては結婚生活に不満もあるだろう。しかし、私はその問題に蓋をして向き合おうとせず、むしろ問題から目を背けるようにして、それまで以上に好きな仕事に没頭した。そして、その結果、とうとう私は体を壊してしまった。

やがて、恐れていたことが現実になった。誠二が離婚を切り出したのだ。もうこの頃にはすでに結婚生活も破綻状態だったので、受け入れるしかないと覚悟もしていた。結婚も仕事も両方手に入れたいと思うのは贅沢なことなのだろうか。一つ問題が解決できたと思ったら、また新たな問題が現れてくる。私の人生、このくり返しだ。

念願の自分の店と2度目の結婚

離婚を機に私はさらに仕事に励んだ。余計なことは考えずに、自分の夢だけを追うことを決意して、仕事以外には目もくれず、私はついに念願の自分の店を持つことができた。私が夢見ていた洋菓子の店だ。

幼い頃、まだ優しかった母がつくってくれたケーキは本当においしかった。私はあの幸せだった頃の面影をずっと追いかけていたのかもしれない。両親とは誠二との離婚以来連絡を絶っている状態だったが、千佳だけはきっと天国で喜んでくれているに違いないと思った。

今度こそ新たな人生のスタートだ。私は希望とやる気に燃えていた。何もかもがうまくいく、そう信じてやまなかった。事実、私の店は、私がつくるケーキと焼菓子が評判を呼び、売上は順調に伸びていった。取引先からの要望もあって、私は利益を上げて店舗を拡大することに夢中になっていった。

そんな忙しい日々の中には新たな出会いもあった。取引先であり小さな会社を経営する羽鳥将也は、経営についても親切に細かなアドバイスをくれた。彼のサポートもあって、新たな店舗を開くための資金が集まり、私は新商品の開発や運営企画など、店舗拡大のために必死だった。私にはお店しかなかったのだ。羽鳥もサポートを続けてくれ、店づくりのアイデアや食材の仕入れ先の確保などに力を貸してくれた。

そして、なんとか2店舗目、3店舗目をオープンさせたあと、私は一緒に店作りをしてきた羽鳥と再婚した。

自分の店も順調、再婚もして公私ともに幸せな日々が続くはずだった。しかし、それが幻想に過ぎなかったことはすぐに気がついた。それまで仕事で接するほうが多かった羽鳥の本当の顔を、私は結婚して徐々に知ることになったのだ。

家庭での彼は冷淡で自己中心的な男だった。最初はあんなに協力的だったのに今はもう私に無関心で、私の感情や意見をまったく無視する。さらに、何か気に入らないことがあるとすぐに暴力をふるうのだ。

そんな羽鳥に恐怖心を抱き、すぐに別れることも考えたが、彼は私のビジネスには欠かせない存在だった。自分の店を守るためには、どのように羽鳥との関係を終わらせるかを慎重に考えねばならなかった。

家庭内に暗雲が立ち込めるのと同時に、順調だと思っていた店もうまくいかなくなってきた。これまでも私が店舗の拡大を急ぐあまりにワンマン体制になっていたところはあった。オープン当初こそ、従業員の意見やアイデアも聞いていたが、どれも顧客ファーストはいいが、作業効率や利益のことを考えていないものばかりで、聞く時間さえも惜しいと思えるものだった。そんなことが続き、いつの間にか私と従業員たちとのコミュニケーションは途絶え、彼らは私の指示に従うだけの存在になっていた。

しかし、その結果、私は自分自身と従業員たちを追い詰めることになってしまった。私の厳しい指導やワンマンな体制に耐えられず、頼りにしていたパティシエやマネージャークラスも含めて従業員たちが次々と辞めていったのだ。代わりの人間を募集してもみんな長続きせず、サービスも低下し、店はみるみるうちに売上が落ちていった。

このままでは赤字から脱出することはできないと判断した私は、1つの店を残し、ほかの店を閉めることにした。そんな混乱の中、羽鳥の暴力はますますひどくなっていった。

人生を懸けてつくってきた店も失敗し、家庭では夫の暴力に苦しめられ、耐え切れなくなった私はもはや後先のことは考えず、家を出た。そしてDVの証明のため病院の診断書をとり、弁護士に相談をして離婚を進める決意をした。もはや私は誰にも頼ることができない。家庭でも仕事でも頼れるものも居場所すらもない。こんなとき両親にすがることができたらどれほど良かっただろう。しかし両親が今の私を見たら今までどおり、いや、今まで以上に罵詈雑言を投げつけ、ひどく叱りつけるであろうことは目に見えている。幸せになろうとして一生懸命努力しているのに、なにもかも裏目に出てどんどん不幸を呼んでしまう。なぜ私はこれほど失敗してばかりなのか。私の人生はこんなことのくり返しで終わってしまうのだろうか。

もちろん世の中にはもっと不幸な人がたくさんいるのは知っている。私の不幸なんてよくある話でたいしたものじゃないと言う人もいるだろう。だけどこの苦しみは私にしか分からない。

私の人生は行き詰まった。これからどうやって生きていけばいいのだろう。

Part 2

新たな思考法との出会いと実践

「反転」の仕組みを知る

負のループに陥り、行き詰まってしまった私の人生。店は時折休業もしていたが、かろうじて営業を続けていた。本当にすべてを投げ出してしまいたい気持ちにもなったが、まだ私には店があり、わずかながら辞めずに残ってくれている従業員がいる。彼らもきっとこの先の生活を不安に思っているにちがいない。そんな従業員への責任は負わなくてはならない。だから私はなんとか頑張ってここから這い上がらねばならないのだ。しかし、そう思えば思うほど気力も失われていくような気がしていた。

ある夜、仕事について考えることに疲れ果てた私は、ただぼーっとしたくてパソコンの画面をYouTubeに切り替えた。気分転換にお気楽な動画でも見ようと思ったのだが、そのとき、1本のオススメ動画が目に入ってきた。

「本当の自分が解れば、人生は解放される」

そんなタイトルだった。「おそらくよくある自己啓発系の動画だろう」と一瞬思ったものの、私はなぜかその動画に直感のようなものを感じ、気がつけばクリックをしていた。

再生された動画に映し出された女性は穏やかな口調でこう語りかけてきた。

「過去の自分の生き方とか、今の自分の苦しみとかから一瞬で解放される思考のテクノロジーについて、聞いてみたいと思いませんか？」

もちろん本当にそれができるなら今すぐにでも試してみたい。動画の女性の話では、どうやらそれは全く新しい思考法らしい。自分の状態をシステムとして説明できる設計図というものがあり、それをしっかり理解することによって、本来の心のバランスを取り戻し、これまでの苦しみから抜け出すことができるのだという。

この動画ではそのシステムについてはまだ詳しく触れられていなかった。

しかし、この女性は親に依存していた生活から自立しようと一生懸命に頑張り、その結果、鬱になってしまったのだという自分の個人的な事情も隠さずに話していた。そしてそこから抜け出すことができたのが、このシステムなのだという。

私は鬱になったわけではなかったが、これまで親や夫から自立しようと懸命に頑張ってきた。そして頑張り過ぎて体を壊したのも一度や二度ではない。今はDV夫によって心身ともにボロボロに傷ついている状態だ。彼女の経歴がどことなく自分と重なるような気がした。

そこで私はこの思考法を学べるスクールについて調べてみた。スクールを運営する会社の公式サイトには「人生を変える学び」「自分という宇宙に深く進入していくテーマパーク」「心のバランスを整える方法を体系的に学べる」といった私のモチベーションを上げてくれる言葉が躍っている。

それでもまだ半信半疑というか、いきなり本格的なコースを受講するには情報が足りないと感じていたので、まずはお試しでリモートのセミナーを受けることにした。スクールにはたくさんの講師がいて、それぞれ専門もあるようだが、私はそのなかから、「対人関係」「自己探求」を専門としている男性講師のセミナーに申し込んでみた。

そしてセミナー当日。

担当講師は、物事が上手くいかないのには明確な理由があって、成功したいと思い頑張っているのになぜ成功できないのか、それは人間が今までの思考様式のカラクリにはまりこんでいるからだと伝えた。

自分が最も知りたいことなのではないかと、私は前のめりになって講師の話を聞いた。

人間には今までの人間プログラムの法則があって、出来事は良くも悪くもその法則どおりに動いているというのだ。

「この世界は全てが二つに分かれて認識されている二元性の世界なんです。

自由―束縛　ポジティブ―ネガティブ　平和―戦い　男―女　生―死など、片方があるからもう一方を認識できますよね。

これを相対と言って実はこれは、表裏一体の同じものでできていて、離れることができないセットであるということなんです。

例えば長所を伸ばそうとすればするほど短所も伸び、成功を求めれば求めるほど失敗も同じ大きさで付いてくる。

人間はこのような矛盾の中で生きてきたので、悩みから抜け出せないのはしょうがないことだったんですよ。本当にお疲れさまでしたという感じです。

この法則を抜け出すことを可能にしたのが、今日お話しする今までになかった人間の思考様式で、これは私たちが設計図と言っているシンプルなシステムを使います。システムなので理解したら誰でも使える思考のテクノロジーなんですよ」

講師が設計図の一部を使って「反転」のトリックを伝えてくれた。

目の前の出来事や人は、隠した自分の無意識が反転した形だというのだ。

「これを理解すると、あなたを取り巻く現状の問題は一瞬で消滅します」

そんな魔法のようなことがあるのだろうか？

疑心暗鬼になりながらも、自信を持っていろんな例題を使って説明する内容をもっと理解したいという欲も湧いてきた。

私の問題だけれど、もしかしたらもっと違うところに原因があって、それを理解したら私は変われるかもしれないと、一筋の光が差し込んできたのも事実だった。

悩みの原点にあったもの

この思考法についてもっと知りたいと思った私は、講師と一対一で話せるカウンセリングを受けることにした。リモートでも受けられるので気が楽だった。

私の複雑な人生もシステムでスッキリ理解できるのですか？という切羽詰まった表情の私に講師はニッコリと微笑み、こう言った。

「大丈夫ですよ。あなたのどんな感情も否定することなく、むしろその感情を利用して自分の隠された無意識を知っていくんです」

そして両親や夫や仕事の問題をシステムで紐解く流れを分かりやすい言葉で丁寧に語ってくれた。

「相対は理解されましたよね。相対は人間関係にも作用していて、気になる相手は自分と相対の関係です。相対が表裏一体の関係なら相手が見せてくれるのも自分が気付いていない自分の裏側なんです」

そうか、裏と表、私に見えていたのは私自身の裏側だった、ということなのか？

「例えばお父さんが認めてくれない。夫が私の思いを無視する。としたら、それはあなたの中の自己否定が反転して映っているだけなんです。ということは、それを理解したらその現象は終わってしまうんです。だって外側が自分が映し出した映像なら、映写機の元をoffにしたら映像は消えますよね。きっと体験して驚きますよ」

私は話を聞きながらある考えについて思いを巡らせた。

誠二との結婚、羽鳥との結婚、自分の店を構えた時……今度こそはうまくいく、これから私は幸せになる、何度そう希望を抱いたことだろう。しかし結局は失敗の繰り返し。一つ問題を解決して今度こそと思っていても、次々と新しい問題が降って湧いてくる。もしかしたら、それは私自身の根本的なところに、それを生み出している何かがあるのかもしれない……そう思い始めていたところだった。

「例えば、あなたが家族と仲良くできないダメな自分というネガティブな面を知らずに押さえつけていると、それが家族の態度に反映されてしまいます。

原因が分からないまま、うまくいかないことをなんとかしようと、頑張れば頑張るほど繰り返しその現象が現れてしまうんです」

「つまり、私の人生がいつの間にか負のループになったこと、両親が厳しいのも、上司のパワハラも、夫が暴力を振るうことも何もかも、私が自分自身のネガティブな部分に蓋をしていたからなんですね……！」

――私の中で何かが炸裂《さくれつ》して弾けたような衝撃が走った。

「自分の人生をより良い方向につくり直したいと思ったら、普通は頑張ったり、自分を律したり、努力することがほとんどだと思いますが、ここはどんな感情でも、システムに当てはめて自分を知っていくだけで状況が変わるので、どんどん楽しくなっていきますよ」

その講師の言葉どおり、実際毎日の出来事をシステムで考えることが楽しくなった私は、スクールのいろいろなカリキュラムを体験したいと思うようになっていた。スクールに通うようになると、私の普段の生活ではなかなか出会えないような年齢や環境の違った人たちと知り合えるのが単純に楽しく、それだけでも気分が軽くなった。

ある日、私はロビーで小学生くらいの子どもを連れている若いお母さんを見かけた。その人がニコッと笑顔で会釈してくれたので、私は勇気を出して声をかけてみることにした。すると、彼女は小学生の息子さんがいじめに遭ったことをきっかけにここに通い始めたのだと教えてくれた。

「講師の方も実際に高校生のお子さんのいじめを解決したという経験者の方で、そういう人ってかなりたくさんいらっしゃるんですよ。私も深く悩んでここに来たんですけど、自分を知っていくのと同時に子どもの状況も変わってきたんです」

「そうなんですね……。私はまだ自分を苦しめている本当の原因が分からないんですよね」

「それは人によってさまざまみたいですから、きっと大丈夫ですよ。今はレクチャーを聞くようなコースしか受けていないんですか？　もしそうなら、いろんなカテゴリーの方が集まるグループ形式のコースとかに出てみるといいかも。それぞれが自分の経験を包み隠さずに話すから、何かのヒントもあるかもしれないし。それに視野が広がるんじゃないかな」

自分自身の課題

私は彼女にお礼を言って家路についた。その道すがら思ったのは、私はこれまでの自分の人生を誰にも赤裸々に話したことがないということだ。そもそも親とほぼ絶縁状態だとか、パワハラで会社を辞めたとか、2度も結婚に失敗しているとか、私の過去は人前で胸を張って話せることではない。しかし、その一方で私のこの窮状を誰かに聞いてもらいたい気持ちがあるのも事実だった。

そして私はスクールにある一つのサービスのことを思い出し、受けてみようと思い立った。それはこの思考法を体得したヒアリングのスペシャリストがただ話を聞いてくれるというコースだった。一般の傾聴スタイルとは違うらしい。

翌日、電話でヒアリングを受けた私は、内心迷いながらも意を決して口を開いた。

「今日、私は初めて自分の過去から現在までを振り返って、現在の悩みを話したいと思うのですが……」

おずおずと切り出した私に、相手は落ち着いた声でこう告げた。

「分かりました。では、話せるところから。少しずつでいいですよ」

その言葉に背中を押され、私はこれまで心の奥底に閉じ込めていたものを明かすことにした。

私は少女時代から話を始めた。その頃の幸せが双子の妹・千佳の死から狂い始めたこと。私を厳しく叱ることしかしなくなった両親。結婚はしたものの職場の上司のパワハラや同僚の冷たい視線に怯える日々、夫の裏切りと離婚。2度目の夫の家庭内暴力、私に反発して辞めていく従業員たち、そして店舗経営の大失敗……。


長々と話していた私だが、相手は余計な口を差し挟まずにじっくりと聞いてくれた。これまでの思いを全部吐き出したあとの私は、ただそれだけで、大事なことに気がついていた。私が話したことは全部ネガティブなことだらけだった。いいときだってあったはずなのに、何も思い出せない。なぜならどんなときでも私は何かに怯えていたからだ。そしてその原点は……。

「ああ、もしかしたら……」

私の中にまぶしい光が差し込んできた瞬間だった。

Part 3

目の前に広がった「楽しい！ 人生」

ありのままの自分を愛そう

私は自分の気づきの確信を得るために、以前受けた講師のカウンセリングを再び受けることにした。これまでの私は両親との関係に始まる「人に対する恐怖」を常に持っていて、それが思いどおりの人生を歩めないすべての原因ではないか、と話した。講師は、私の話を引き出しながら、なぜその恐怖が生まれたのかをシステムによって解説してくれた。

「これで千尋さんは、はじめて『自分を俯瞰する位置』を知ったんです。なぜ人生がうまくいかないのか、その原因が自分の無意識にあることが実感できたでしょう。すべては自分との関係性なんです。位置から見たらこれまでのすべての体験はなぜ起こったかも分かると思います。今見ている世界は千尋さんの心を投影していますから、膠着《こうちゃく》状態にあったような問題でも一気に解決、解消していきますよ。ここから面白くなりますから新しい人生を再創造していってください」

そんな講師の言葉も、確かに今では実感を持って聞くことができた。新しい人生を創造する……そう思っただけでワクワクすることができた。

「これからはありのままの自分を愛そう。それでいいんだ」

私はそんな気持ちのまま、休業中の自分の店に行ってみることにした。今の私の原点ともいうべき、たくさん思い出のつまった1号店を猛烈に見たくなったのだ。

閉まっている店を眺めているうちに、私はいつしか開店したときの感動を思い出していた。この店をオープンできたときには心の底から嬉しかった。たくさんのお客さん、色とりどりのケーキ、明るく元気な従業員たち、そして私……。そんなことを今更ながら思い出した。もしもあのとき両親も一緒に喜んでいてくれたなら、どんなに良かっただろうかとも思ったが、そんなこともすべては私のなかにある「人に対する恐怖」が反転して映し出されてしまっていたからだと今はもう理解できた。〝恐怖〟は相手から与えられていると思って、離れたり、別れたりして、そこから抜けたと思っていたけれど、自分が持っていた恐怖が、相手を通過して自分に返ってきていただけだったのだ。

数日後、また店に行ってみた。店の前に佇んでいた私は、不意に「社長？」と声をかけられ、ハッと振り向いた。そこにはパティシエ見習いの井上くんが立っていた。

「やっぱり社長だ。お体はもう大丈夫なんですか？　入院されているのかと思ってました」

実は、店は私の健康上の理由で休業していることになっていたので、彼は私の体調を気遣ってくれたのだ。ワンマンな私のやり方に嫌気がさしてほとんどの従業員が離れていったなか、彼はまだ残ってくれていた。

「ありがとう。もう大丈夫よ。ごめんなさいね、休業もしていたし、ほとんどの人が辞めちゃったし、この先どうなるのか心配してたわよね」

「いいえ、自分は家もこの近所で親と一緒に暮らしているから、今のところ生活には問題ないし。そもそも社長のつくるケーキが大好きでどうしてもこの店に入りたかったんです。まだ社長の技を盗めてないのに、ここで辞めるわけにはいかないし、ずっとお帰りを待ってましたよ。じゃあ、もうそろそろ店も再開ですね？」

井上くんのその言葉に、私は思わず涙がこぼれそうになった。私のケーキを好きだと言ってくれたことが何より嬉しかった。そもそも私は一人でも多くの人に私のつくるケーキを食べてもらい、笑顔になってもらいたい、そう思って洋菓子店をオープンさせていたのだ。幼い頃に母がつくってくれたケーキで私と千佳が幸せを感じたように……。ケーキは私にとって幸せの象徴だったのだ。

私は涙をこらえて笑顔を見せながら、井上くんに、「すぐにまた連絡するから待っていて」と伝えて別れた。しかし以前の私だったら、まだ一人前とは言い難い彼に対して、ひどい仕打ちをしていたはずだ。

あの頃は直接指導するでもなく、彼の先輩にあたるパティシエに「あの子に早く仕事を覚えさせなさい」ときつく命じていた。井上くんもどこか私のことを怖がっていたように思う。こんなふうに打ち解けて話すのも初めてのことだった。

やはり確実に何かが変わっている、そう思った瞬間だった。そのときの私はこれまでに感じたことのない、不思議な解放感を味わっていた。

新しい展開が始まった

それから間もなく私は店を再開することにした。ただしこれからは1号店だけに絞り、ティーサロン併設の形にリニューアルをしようと思っていた。ここまで残っていてくれた従業員は井上くんと、40代の主婦の山田さんの2人だけになっていた。そこで、以前の私なら考えられないことだが、今回のリニューアルについて井上くんと山田さんの意見も聞くべく、会議を開くことにしたのだ。

すると、井上くんは意外にもさまざまなアイデアを持っていた。彼はK－POPが好きだということで、韓国のスイーツについても詳しかった。するとと山田さんもK－POPや韓流ドラマにはじまり、韓国カルチャーにハマっているとのこと。K－POPの曲をモチーフにした月替わりのケーキなんかをつくったら、話題になるのでは……などと、どんどん話が盛り上がっていく。会議というよりも和気藹々《あいあい》とした友人同士の会話みたいだったが、その意見はビジネスとしても有望なアイデアだと思った。私は彼らの意見を採用することにした。

たった2人だけれど、頼りになる従業員たちとの再出発。私にはもう夫である羽鳥のコンサルなどなくても十分やっていけることを確信していた。夫のDVは、私の自己否定の大きさと同じだったと理解したとき、弁護士さんから夫が離婚に応じるので話を進めていきたいという連絡が入った。心配だらけの過去が終わった感じがして、私は心の底から嬉しかった。

一方、私はスクールでの体験を通して、自分に客観的な興味が湧くと同時に、ここに通う人たちと交流して話を聞きたいと思うようになっていた。皆はどのように人生を再創造しているのかも、気になっていた。

この日はカリキュラムの一つであるグループ形式のコースに参加した。それぞれが講師のナビゲートのもと、自分自身の体験を共有し、理解を深めるコースだ。以前、いじめに遭っている子どもを連れたお母さんが勧めてくれたものだ。

その日出席していたのは、病気を抱えていた人、夫婦の関係に悩んでいた人、鬱で引きこもっていた人、さまざまな体験をした人たちだった。それぞれが自分の人生を皆赤裸々に語っていく。つらい経験を何度も何度もくり返している人もいた。しかし、驚くことに彼らは決して悲嘆せず明るく淡々と自身の体験を話すのだ。それぞれ自分のなかに原因を見つけることをある意味楽しんでいる。システムがあるので単なる出来事として体験と自分自身に距離をもてているのだ。さらに同じくこの思考法で人生を変えようとしている者同士、共通の言語があることで、誰とでもすぐに打ち解け合うことができて楽しかった。さまざまな人の話を聞く中で、ひときわ私の興味を引いたのは、30代と思われる会社員の男性の話だった。

「僕はもともと成功理論オタクで、これまでたくさんの自己投資をして、さまざまなセミナーに出たりしました。そうやっていろいろなものを積み上げてきているから、これでもう僕は確実に成功すると興奮を感じるわけです。ところがいくらトライしてもうまくいかないんですね。それで途中であきらめようとするときに、次のものが出てくる。それをまたやってみては失敗する……。そのくり返しで、なんで自分は最後まで完遂できないのかって情けなく思っていました」

彼の話を聞きながら、いつしか私は自分の体験を思い返していた。やってみては失敗して……ああ、こういう繰り返し、これは私自身も通ってきた道だった。

「そんななかで出会ったのがこのスクールのセミナーでした。セミナーだから講師は皆に語り掛けているわけなんですが、『これは僕のことだ！』って、自分に直接語り掛けられたみたいな衝撃を受けたんですよ。そしてスクールに通うようにもなって、システムを使って幼少期からの人生を振り返ってみました。そのときに、僕は学生時代、男同士の友人関係をつくるのがちょっと苦手なところがあったことを思い出しました。あれはいったいなんでだったんだろうと思い、原因を探ってみました」

彼はスクールとの出会いを嬉しそうに語り、自らの過去をごく普通の口調で語っていく。

「すると、まだ小さい頃、友達に背中を押されたことが原因で、僕がガラスを割って頭を怪我した日のことがよみがえってきました。実はそのとき父は僕をすごい剣幕で叩いたんです。ガラスを割ったのは僕のせいじゃないし、頭から血を流しているのに、僕を叩いたんです。そのときに僕はいつかオヤジに仕返ししてやるって真剣に思いました」

ああ、この人もやはりお父さんとの関係が原因で苦しんできたんだ。そう思うと不思議な親近感が湧いてきた。

「そして、そんな思い込みが自分の中で強くなっていって、目の前にいる男性は全員が恨みの対象になってしまったんですね。もちろん実際には手を出したりしませんから、その人たちよりいい成績をとるとか、速く走るとか、とにかく何かで上回ることで勝った気持ちになっていたんです。それからどんどんポジティブとか成功理論に走っていったわけです。そしてその結果、自分が望むのと逆の展開に自らはまりこんでいたんですね」

それも私と同じ。今の私には彼が陥っていた負のスパイラルが理解できる気がする。

「でも、おかげさまでこのスクールに出会ったことで、こんなことがきっかけになってうまくいかないループにはまっていたんだということが分かってきました。今ではその頃からはまったく違う展開が始まってきています」

そう語ってくれた男性を、私は帰りに引き留めて話を聞いた。どうしても気になることがあったからだ。

「一つ聞いてもいいかしら？　今あなたとお父さんとの関係はどうなっているの？」

すると彼は爽やかな笑顔でこう答えた。

「ああ、今はもう最高に仲がいいですよ。自然と友達みたいな感じになりましたね。子どもの頃は、本音では一緒に遊んでもらいたいのに、それが言えなかったり、大人になってからも反抗して父を避けていたりしたんですけどね。実は父は家族のために頑張って休みの日や夜中まで働いているような人だったのに、当時はそんなの当たり前だろ、くらいに思ってました。僕がやりたいと言ったことには必ず母を通してお金を出してくれたし、すごく大きな愛で守っていてくれたんですけどね。そんなことつゆ知らず、でしたから。スクールがきっかけになって、今では胸襟を開いて、フルオープンで話せるようになりましたよ」

私が彼にそんなことを聞いたのは、私自身がもう何年も父や母と絶縁状態だったからだ。両親には2度目の結婚で私がDVを受けていたことや、離婚したことも話していなかった。

その夜、ベッドに横たわって天井を見上げながら、私はこれまでの父や母との歩みを頭の中で振り返っていた。もう今の私は両親のことをはじめ、すべてのことをこの思考法のシステムに当てはめて考える習慣がついている。そうして考えるうちに、今までとはまったく違う両親への思いが心の底からこみ上げてきて、涙が溢れた。そして、一度実家に連絡をしてみようと決意するのだった。

そして、人生の再創造へ

スクールを運営する会社には、私が密かに「クラブ活動」と呼んでいる体験者のコミュニティがいくつもあった。そのなかには女性経営者の集まりもあったので、私も参加してみることにした。

そこにはすごい方々がたくさんいた。例えば、高橋さんという方は、ご主人の浮気が原因で離婚、娘さんは不登校、ご自身は悪性リンパ腫になり、家族で経営していた会社も赤字続き……とまさに「不幸のデパート」のような状況だったそうだ。

それまでは「夫と自分」「娘と自分」というように相手と自分を分離させ対立させていたが、スクールに通うようになってから、相手に感じることをシステムに当てはめて一つひとつの現象を理解していくことで、気がつけばいつの間にか苦しい状況から脱出していたのだという。今では、会社は拡大の一途らしい。娘にも信頼され、家族みんなが結束していて、とても元気だ。

もう一人、橋田さんという方は、美容業界で女性ばかりの職場を仕切っていたが、突然、父親が亡くなったため大きな負債がある工場を継がなければならなくなった。

そのときは、男性ばかりの社員たちから「女に何ができる」という目で見られていたと思っていたが、そこでこの新たな思考法を知り、それらはすべて自分の思い込みが投影されていることなんだと分かり、役員・従業員とのコミュニケーションもできるようになったらすべてが円滑に回りだした。彼女は工場の技術を活かして新しいアイデアでこれまでにないヒット商品をつくりだし、13億円あった工場の借金を5年ほどで見事に完済したそうだ。

彼女は今時間とお金、両方の自由を手にし、このシステムで一人でも多くの人に、自分のように幸せになってもらいたいと、まぶしいばかりの笑顔で話してくれた。

彼女たちのほかにもここにいる女性経営者たちはそれぞれが本当に素晴らしい人ばかりだった。自分の問題を解決しただけでなく、ほかの人や地域社会にも貢献していこうと歩み始めていて、素直に尊敬する。そんな方々との新しい縁ができたことは、私にとっては刺激にもなるし、勉強にもなるし、いい影響を与えてくれる。しかも皆とても楽しそうに話すので、聞いているほうも楽しくなる。幸せとは人から人へと伝播《でんぱ》していくものだということを、私は改めて実感していた。

このクラブ活動は、また一つ昔の自分を思い出すきっかけをくれた。私がなぜ今までずっと働くことにこだわってきたのか。仕事が好きだということはもちろんあるが、広く女性たちがしなやかに働いていけるよう環境を変えていきたいと密かに思っていたからだ。

その根底には怖かった父や、浮気や暴力で私を裏切る夫たちからの自立というものもあっただろう。しかし、女性だけが仕事と家庭との両立に悩むような時代はもはや過ぎ去った。この多様性の時代には老若男女誰もが平等に働ける環境が当然とされている。

その思いを形にするため、今回リニューアルする私の店には井上くんたちのアイデアを採用しただけでなく、もう一つ私のアイデアを加えさせてもらっていた。それは力の弱い女性でも洋菓子づくりが簡単にできるよう厨房の設備を整えることだった。

実はパティシエというのはかなりの重労働なのだ。もちろん一日中立ち仕事だし、店舗で販売するお菓子をつくるとなるとどうしても材料も大量となり、何十キロもの薄力粉の袋を運ぶだけでも体力を使う。これからはどんどん女性のパティシエにも活躍してもらいたい。私は心からそう願っていた。

そんなことを店のホームページの片隅に書いておいたら、早速女性のパティシエから求人の応募があった。


リニューアルも無事に終わり、店のオープンが近づいてきた。オープンの前日には関係者や友人たちを招待してのプレオープンを行う。そこで営業開始後のオペレーションの最終確認を行うためだ。

そして、いよいよプレオープンの日を迎えた。

どうやら開店時間の少し前から店の前で一組の客が待っているようだった。

誰だろう、と思う間もなく慌ただしく準備をする。そして開店時間となり、「いらっしゃいませ」とドアを開くと、そこで待っていたのは私の両親だった。

「千尋……招待状をありがとう……。本当に立派になったね」

母がそう言うと、父は店の中に入ってあたりを見回しながら、

「これが千尋の店なんだな。うん、いい店だ！」

そう言ってくれた。両親に電話しようと思いながらなかなか勇気が出ず、考えた末にプレオープンの招待状を送っていたのだ。

席に案内すると、父と母も嬉しそうに笑顔を浮かべてくれていた。こんな二人の笑顔を見たのはいったいいつ以来だろう。本当に父と母が私の店に来てくれた。私のお菓子を食べてくれるんだ……。そう思った私の目からは従業員たちの前にもかかわらず、涙がぽろぽろとこぼれ落ちていた。するとホールにいた従業員の山田さんが
「社長、泣いているんですか⁉ ご両親が来たなんて、初めてじゃないで

しょう？ 以前からあれほど手広くやっていたんだから」

「それが……初めてなのよ」

「えーっ！ そうなんですか⁉ それは良かったですね。じゃあたっぷりサービスしないといけませんね」

そう言って、山田さんはいたずらっぽく笑いかけてくれた。本当にいい従業員たちだ。私は彼らに随分と助けられてここまで来ていたのだ。今はもう感謝しかない。

プレオープンとはいえ、営業中は両親とゆっくり話すことはできない。私は父と母には今夜実家に行くから、少し話をさせてほしいと頼んでみたところ、二人は二つ返事で了解してくれた。

その夜、私は本当に久しぶりに実家に帰った。そこでは母が得意の手料理をつくって歓迎してくれた。あれだけ怖かった父も母も、とても優しくなり、私が2度目の結婚で実はDVを受けていたことや、離婚の手続き中であること、赤字を出して店を手放したことなどもすべて話した。するとそれまでずっと黙って聴いていた父は、こう言ってくれた。

「私たちも、結婚して独立した娘にあまり親が口を出すことじゃないと思っていたが、それほどまでにつらいことがあるなら、頼ってきてくれていいんだから」

あれほど怖かった父が心から優しい言葉をかけてくれた。両親は私が憎くて厳しくつらく当たっていたわけではなかったのだ。何事にも積極的で冒険心旺盛な私が心配だからこそ、大事だからこそだったのだとようやく理解できた。

私が苦しみ悩んできたのと同じように、両親もまた、どうすれば私が幸せになれるかどうか、それを思い悩んでいたのだ。ただ人よりも愛情表現がちょっと下手だっただけなのだ。私と同じように。

私と両親との雪解けとなった一夜だった。

両親とうまくいきたいという思いが満たされ、私の内面は信じられないほど穏やかになった。そしてそれと同時にすべてのことが好転し始めた。

リニューアルした店はとても順調だ。井上くんが好きだと言ってくれた私のレシピによるオリジナルの洋菓子に加え、月替わりで私と従業員一同でアイデアを寄せ合ってつくる新作ケーキを出すことにした。井上くんのアイデアによる韓国版マカロン、トゥンカロンも評判を呼び、店に10代、20代の若い顧客を連れてきてくれた。

私は暇をみては、従業員のパティシエたちに指導をする。若い彼らはスポンジのようにすべてを吸収し、どんどんと腕を上げていく。その姿がとても誇らしく思えた。

さらに、「女性にも優しい菓子づくり」と書かれたホームページを見たというテレビ局から取材をさせてほしいという連絡まで来た。

こうして私の夢は次々と現実となり、広がっていく。

鏡のなかに映る千佳の顔に私は笑顔で語り掛ける。

「千佳の願いどおりに、お父さんもお母さんも私も、仲良くなれたよ。千佳が大好きだった家族の姿を取り戻せたよ。だからこれからもずっと見守っててね」

鏡のこちら側の私は、千佳よりちょっと年をとったかもしれないけど、エネルギーに満ちたいきいきとした笑顔で、身支度を整える。さあ、今日も素敵な一日が始まる。

私は反転された世界を自分だと思い、間違いだらけの自己認識の中で不自由極まりない人生を送ってきた。

誰にも認められない自分
居場所が安定しない自分

愛されない自分

しかし今は違う。そんな自分はもうどこにもいない。これからはどんな世界だって創造できる。私の人生の再創造は今始まったばかりだ。

Explanation

解説編

革新的な思考のシステムで実現する「生きる＝楽しい」

人生のカラクリを見破り
未知の自分と出会う

Session 1　見えないところにあった根本の原因

多くの悩みを抱える現代人

これから詳しくご紹介していく私たちのシステムは、広範囲にわたる悩みや問題をたった一つのシステムで解決できるだけでなく、さらにその先へ、生きながらにして生まれ変わるようなダイナミックな変容を遂げ、皆さんが本当に望んでいたような人生の再創造へと導く画期的な意識のテクノロジーです。

皆さんには本書の前半で千尋さんという主人公のストーリーから、ほんの少しだけこのシステムに触れていただきました。〈ストーリー編〉は一部フィクションも交えていますが、描かれた悩みや問題などはすべてシステムによって人生を大きく変容させた方々のリアルな体験談をもとにしています。実際にこの千尋さんのように人生に深く悩んだり、どうにも解決できない問題を抱えたりしたことをきっかけとして、私たちのシステムやスクールのことを知り、興味を持った方が多くいます。

今の社会はさまざまな悩みで溢れかえっているように見えます。今本書を読まれている皆さんも何かしらの悩みを抱えているかもしれません。いったいなぜこんな世の中になってしまっているのでしょうか。

私たちの生活は以前にくらべて格段に便利になっているのは事実です。しかし、日々のニュースから流れてくるのは、戦争、企業や政治家の不祥事、凄惨な事件など憂鬱になることばかり、若者は未来に夢を抱けず、どんどん生きづらい世の中になっているように思います。

特にインターネットやＩＴ技術などの進歩によって、生活のペースはどんどんスピードアップしています。しかし、その一方で、人間の身体や心がそれに追いついていくのが難しく、適応するためにストレスを感じることがあります。また便利な一方、結果的にやることが増え、タイムマネジメントの難しさや、睡眠時間、休息時間の不足などの悩みを訴える方もいます。

また、情報過多が引き起こす問題というものもあります。インターネットやＳＮＳなどを通じて、一人ひとりが大量の情報に触れる機会が増えましたが、これらの情報はまさに玉石混淆で、その質については必ずしも保証されていません。フェイクニュースなどに代表される偽情報や誤情報、または誤解を招くような情報も含まれているため、それらを見極めることが難しくなっています。こういったことに混乱や不安を感じる人もいれば、簡単に個人が発信できるこれらのツールを利用して誹謗中傷などのいじめに発展してしまう場合もあります。

サラリーマンでもフリーランスでも個の力量が問われる時代になり、学業、仕事、人間関係など、さまざまな場面で高いパフォーマンスを求められることも多く、それに応えるためのストレスが増加しています。また、ＳＮＳなどで他人と自分を比較する機会も増え、自己評価が低下してしまうこともあります。

さらに、経済的な問題も現代社会の悩みの一つです。日本の経済状態も不安定で、所得格差も年々拡大しています。物価は高騰する一方で給料は上がらず、将来の年金生活への不安など、経済的な問題は日常生活に直結しており、深刻なストレスを引き起こします。

今を生きる人たちの抱える悩みは多岐にわたる要素が絡み合って生じていて、とても複雑になっています。そのうえでもちろん、夫婦、恋人といった男女の間の悩み、子育て、家庭、友人や職場の人間関係の悩みなどもあり、人の悩みは枚挙にいとまがありません。私たちが開発した思考のテクノロジーは、それらの広範囲にわたる問題をシンプルな一つのシステムによって、阻害していた要因を取り除き、人生を好転させる糸口をつかみ、さらにその先の人生にまで導くことを可能にしました。

起こる事象の中心には必ず「自分」が存在している

続いて具体的な問題、悩みの例として、前半の〈ストーリー編〉の中で語られた悩みや問題を、ここで振り返ってみましょう。

［千尋さんの悩み］

両親との不仲、確執

会社での上司のパワハラ、同僚と馴染めない

すれ違い生活からの夫の浮気↓離婚

2度目の夫のモラハラ、DV↓離婚

従業員との関係性がうまく構築できない、従業員にパワハラをしてしまう

事業の失敗

［登場人物たちの悩み］

子どもがいじめられている

病気の苦しみ

鬱による引きこもり

自由になりたくて成功しようと努力するがいつも失敗続き

友人をつくるのが苦手

借金だらけでの経営危機の会社

子どもの不登校

千尋さんの悩みや問題は、一つ解決したと思うとまた一つの問題が発生するという、いわゆる負のループのようになっていました。それはストーリーの中で千尋さんが出会った方々も同様でした。また、「成功理論オタクだった」という青年のように、頑張れば頑張るほど、上手くいかないというパラドックスに陥り、何度も失敗をくり返すという例もありました。

このように人が何度も同じ失敗を重ねてしまうのは、あくまでもその解決策がいわばその場しのぎの対症療法的なものであり、根本からの解決になっていなかったということは、すでに〈ストーリー編〉でもお分かりいただけたかと思います。

それではいったいなぜ、同じような問題が次々とくり返されるようになってしまうのでしょうか。

まず、私たちが問題を解決しようとするとき、しばしばその表面的な事象や現象だけに焦点を当てがちであることも、根本的な問題解決を遠ざけているといえます。それがどのような問題であっても、問題が起きるとき、その中心には常に「自分」が存在しているということがキーポイントです。

当たり前と思うでしょうが、その「自分」を私たちは何も知らなかったのかもしれないのです。

例えば、かつてスクールの受講生の中に、毎月多額の借金に追われ、その工面に困り果てていた男性がいましたが、彼は自分の借金が今いったいいくらあるのかさえも把握していませんでした。そのくらいお金への恐怖で溢れていて、まともにお金を見ようとさえしていなかったのです。その男性は、まず自分が抱いているお金への恐怖と向き合い、その恐怖を生み出した原因にたどりつきました。

そしてその結果、借金は信じられない方法で終わりました。

そもそも問題が生じる背後には、人間の行動、思考、感情、価値観なども深く関与しています。ですから、問題解決に取り組もうとして、単に事象や現象を分析するだけでは解決にたどりつかないのです。

今、自分に起きていることは外側のことであり、自分とは別のものであるというアプローチから離れ、自分を中心とした実態を見ることで、その問題を解決することができます。さらに同じ問題が次々と起こるのを防ぐことができるのが、この画期的なシステムなのです。

無意識を可視化し、心のバランスを整える

人間は物理的に目の前にあるものは全部見えていると思いがちですが、実はすべてが見えているわけではありません。人間の脳は自分にとって必要な情報しか処理しないといわれています。これは心理的盲点というもので、重要ではないと脳が判断したものは見えていないということです。

自分では気がつかないうちに、自分の好きな情報だけを選んで見ている場合もあります。例えば、一人の人間の評価は評価する人によって異なります。ある人は「Aさんは優しくて思いやりに溢れた人だ」と評価していても、別のある人は「Aさんほどしたたかな人はいない」と言います。このように人は自らの思い込みによって自分が

見たいものしか見ていないのです。

ここまではよく聞く話でもあるかと思いますが、私たちのシステムでは、もう一歩踏み込みます。なぜそこを見たのか、この点について深く掘り下げていくのです。そしてその理由は必ず自分の中にあります。

実は自分自身が見ていない部分「無意識」のなかにこそ、問題が生じる原因が隠されているのです。

私たちが日々直面しているすべての事象には、それをつくりだす根源が存在します。しかし、そのほとんどが人間の無意識下にあり、理解や自覚することを難しくしています。

この無意識を私たちは思考のテクノロジーによって可視化し、日々直面する不安や課題、自分自身を縛り付ける感情や過去のこだわりまでも、自らの力で紐解くことを可能にしたのです。

私たちが日々直面しているすべての問題、悩みといった事象には、必ずそれをつくりだしている根源というものがあります。〈ストーリー編〉で見てきた千尋さんには、両親にはじまる「人への恐怖」というものが根本にあり、それが原因となって同じような失敗をくり返すことになっていました。また、物語に登場した「成功理論オタク」だった青年の原因は、幼い頃から抱いていた「父親への憎悪」でした。父親への憎悪と、自身が成功できずにいることとは一見何の関係もないことのように思われるでしょう。

しかし、これを知るには既存のアプローチでは不可能でした。なぜなら人間の無意識に隠されてしまい、本当の原因が理解できないのです。知ることさえできないのであれば、もちろん解決することなんてできません。そのため同じような不幸が続いて、負のループから抜け出せなかったり、思うような成功ができずに努力を重ねてもがき続けたりしているのです。千尋さんも青年もシステムを使い、それまでの自分では思いもよらなかった根本の原因に行きつくことが可能になりました。

自分を知ることを怖いと思う方もいるかもしれません。

しかし、今までの人生がどうであっても、その人生がどうして作られ展開してきたのかを知ることは「そうだったのか」とむしろ安堵となることが多いのです。

私自身もそうですが、体験者も、時にはため息とともに、時には驚きをもって何度「そうだったのか」と発したことでしょうか。

その安堵が人生を作り直す力になり、幸福感とともに驚くほど人生は好転していきます。

自分を深く知ることを、このシステムでは勉強や修行のように、難しいものとしてとらえる必要がありません。

私はよく「リビングでお茶を飲みながら悟りを開くようなもの」と言うのですが、悩み自体は深刻でも、システムを正しく使えば必ず抜け出すことができ、自分の現象を日常感覚の中で総体的に理解できることは、かなり高度な感覚を手にすることだと思います。


私たちのシステムは、「心のバランスを整える」方法として、アメリカと中国で特許を取得している、人間を内面から変えていく革新的な意識のテクノロジーです。目の前の問題がすべて消え去ったその先にはあなたが思い描いた理想どおりの、もしくはそれ以上の楽し過ぎる未来が待っています。あなたは自分の人生を確実に再創造できるのです。

次Sessionからは、この私たちのシステムについて、さらに具体的に解説していきます。

Session 2　システムの基本を知りトリックから抜け出す

一人ひとりがパワースポットになるシステム

皆さんは「ゼロ磁場」という言葉を聞いたことがあるでしょうか。

その文字が目につく本もありますが、日本のエネルギースポットといわれる場所にはゼロ磁場状態の場所として有名なところも多々あり、癒やしや、エネルギーを得る、自分を調整する目的などで多くの人たちが訪れているようです。

ゼロ磁場とは、磁気のN極とS極が互いに相殺し合い磁力がなくなる状態になっている場のことで、有名な所では長野の分杭峠があり、そこは日本最大級の断層である「中央構造線」の真上に位置し、両側の地層が押し合うことで巨大な力が均衡を保ちゼロ磁場という特異な空間を形成しているようです。

ゼロとは何もない〝無＝ゼロ〟というわけではなく、プラスとマイナスの強いエネルギーがバランスの取れた「全て」を持っていて、生命を活性化させ支えるエネルギー場になっているといいます。

このように全てを包括し、エネルギーに満ちたパワースポットを人間一人ひとりが持つことができたらどんな世界になるのでしょうか。

これからお話しする私たちのシステムは、一人ひとりがパワースポットになるといっても間違いではないと思っています。

なぜそんな大層なことが言えるのか、これからお話しすることでその一端を理解していただけるのではないかと思っています。


ゼロ磁場で拮抗したプラスとマイナスのエネルギーのように私たちの住んでいる世界は二つに分かれている世界です。

ではここから、システムの基本的なお話を進めていきましょう。

相対と表裏一体

まず、システムの世界に入って最初に学ぶことになるのは、あらゆる現象の根源を知っていくということです。

このシステムは、私のパートナーであるROSSCO（ロスコ、～2018）が、これまで人間を悩ませてきたさまざまな事象をつくり出している分離、対立の仕組みを「意識の設計図」によって明確にすることで、人間が陥っている現象を解除する方法を発見したことに端を発しています。そして、私とROSSCOの二人は、それを人々が日常生活のあらゆる場面で使えるように開発していき、全く新しい思考のテクノロジー「ミロスシステム」として完成させたのです。

私たちが使っている『意識の設計図』はとてもシンプルです。

しかしこの中に人生の成り立ちが包括されていることを、使い出すと納得できるようになります。いったん自分の感情や出来事を設計図に当てはめると、それがなぜ生まれたのか立体的に理解できるようになるのです。

スクールではこのシステム図を使い、個々の感情もテクノロジーを作動させる入力キーのように使っていきます。

このシステムは、今のこの世の中で起きているいろいろな問題、個人的なことから

意識の設計図

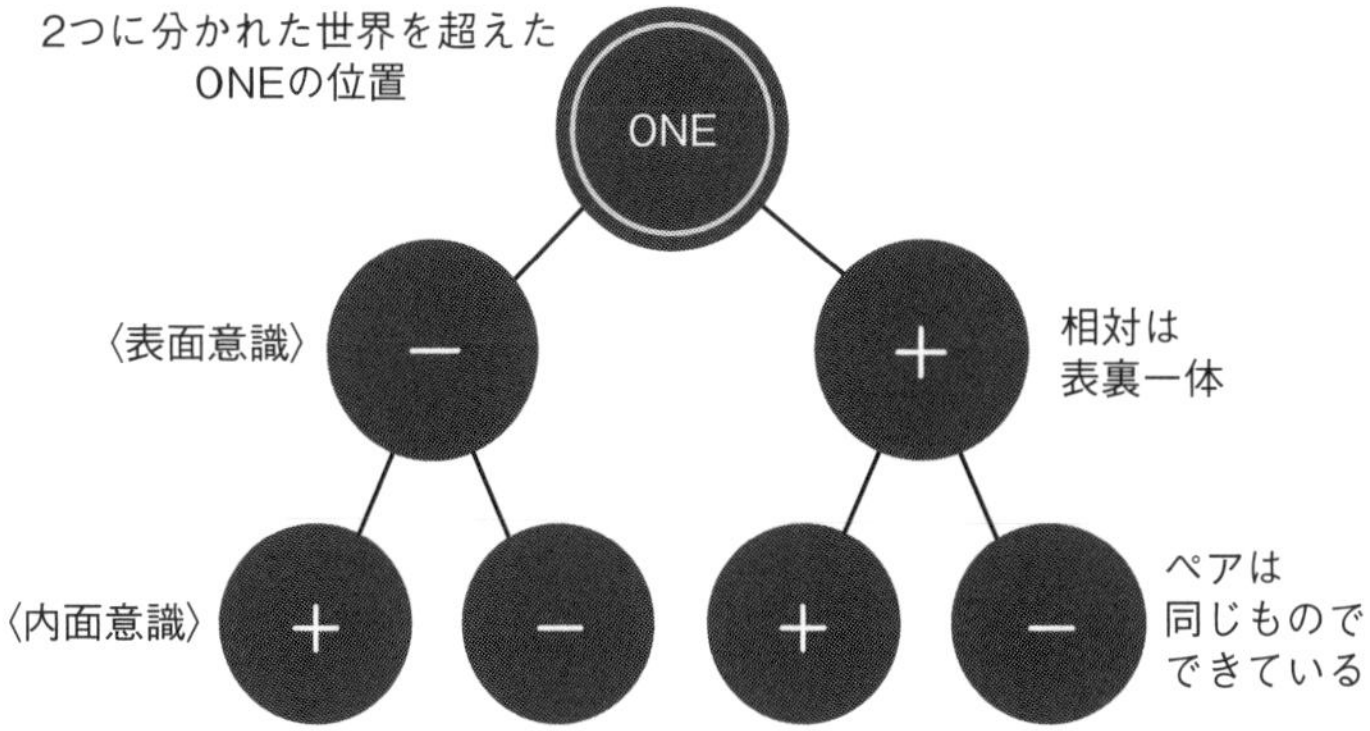

社会問題まで、あらゆる現象というものの原因をとらえることで、問題を根源から修正していくことができるというものです。

そのシステムを学ぶ第一歩であり、核心でもあるのが「相対」を知るということです。〈ストーリー編〉の千尋さんは、スクールに通い始めて、講師から「意識の設計図」とともに、そこに示されている相対の関係をいちばん初めに習うことになります。そこから自分の人生の全体像を俯瞰して見ることができる「位置」にたどりつきます。

「相対」を理解するには、私たちが生きている世界は、全てのものは二つに分かれて存在している二元性の世界であるというところから始まります。

例えば表と裏、プラスとマイナス、善と悪、自由と束縛、平和と戦い、男と女、生と死などなど。これは意識していなくてもなんとなくお分かりだと思いますが、二つに分かれているということの言い方を変えると、二つに分かれたことでいろんなことを認識している世界であるということです。

分かりやすく一枚の紙で説明することが多いのですが、白い紙の片方に〝表〟と書くと、瞬間に反対側は〝裏〟になります。この両面は必ず同じ大きさで離れていません、つまりセットです。そして片方があることでもう一方が認識されます。

もう一つ、棒磁石を思い浮かべてください。磁石にはプラス（N極）とマイナス（S極）があります。プラスとマイナスは全く違う性質のものですが、同じ大きさでセットで存在し、絶対に離れることのないペアになっています。

つまり全ての相反するものは表、裏のようにまさに「表裏一体」だということです。

私たちのシステムはこれを人間の感情を整理する最初においています。なぜなら、個人も社会も〝対立〟が、あらゆる問題の大元にあるからです。

真逆のものが実は絶対に離れられないセットだったのですから、これは自分の周りを考え直さないといけない重要案件です。

例えば自由と束縛。自由を求めれば求めるほど束縛も同じ大きさでついてくるのです。好きが高じると嫌い（不足感）が生じてきます。

深刻なところでは、平和とは戦わないことなのに、平和を求めれば戦わざるを得ないなど、世の中にある矛盾は二つに分かれたまま、それが放置されていたことにありました。

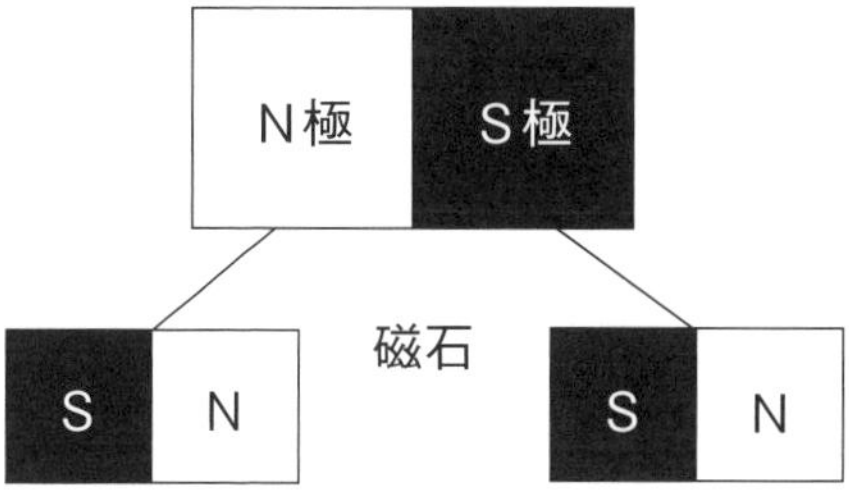

相対が表裏一体のペアであるということは「相手との関係が相対なら、価値観が違って嫌なことばかりの夫も私とセットなのか」「親に依存ばかりして無気力な娘が私と同じとはどういうことなんだ」などと、スクールの受講生が最初に混乱するところでもあります。

ここで、相対が同じものであるということを見ていきます。

自分や自分を取りまくさまざまな事象に起きている相対ですが、一つがなければ二つは現象として現れませんから、相対とは、「もともと一つのものを二つに分けた姿」なのです。

ここでもう一度磁石を見てみましょう。

もし磁石を真ん中で二つに割ると、分けた瞬間にそれぞれN極とS極ができ、同じものが二つになります。

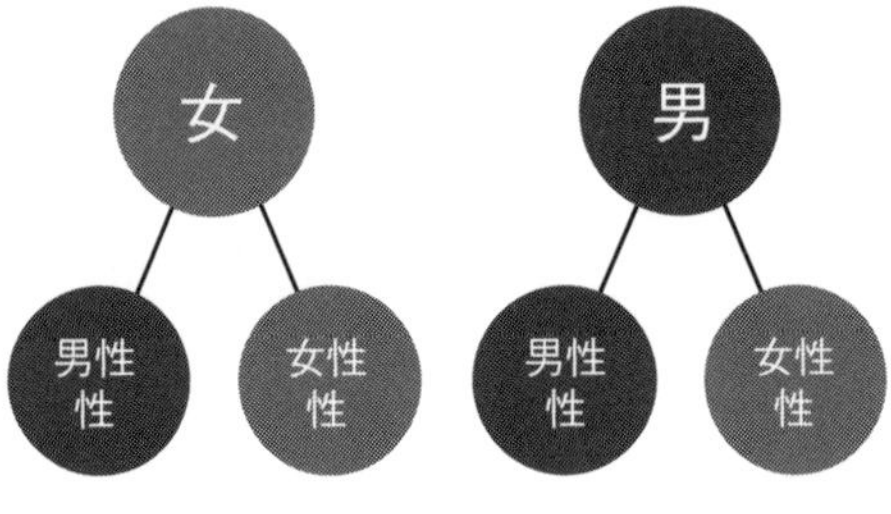

ではあなたという存在はどうでしょうか。

人は誰でも父（男性性）と母（女性性）という両極の融合から誕生しています。

性の多様性が問われる今、男と女という言葉はすんなり受け入れられないところがありますが、ここでは成り立ちの基本として理解していただきたいと思います。

父と母から受け取った命は両極の染色体を23対ずつ受け継いでいます。

つまり男であっても女であっても表面は両極で相対になっていますが、磁石を分けたときのように、「同じもの」ということを示しています。

この一つのものが分かれた相対がどのように関係しているのかエネルギー的観点から見てみると、両極の空間にはメビウスの帯のような回転運動が起こっているのです。

メビウスの帯

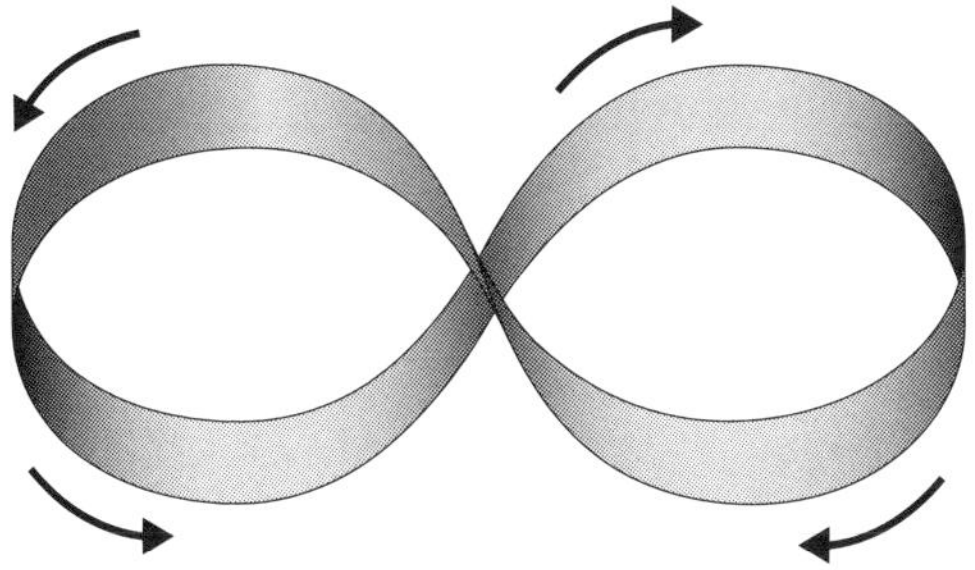

メビウスの帯はご存じだと思いますが、おさらいすると細長い帯を1回ねじって両端を張り合わせたときに、表裏の区別が連続面となる図形です。表がいつしか裏になり、裏がやがて表になる。実は自分と他者、自分と事象との関係もこのメビウス的ねじれを持った表裏一体の関係なのです。

ここで人間には難しい問題が起こりました。

私たちの人生がうまくいかなかった原因である「反転」です。

これは自分の周りに起こる全てに関わる大きなト

リックでした。

「反転世界」という最大のトリック

表裏一体をさらに分解してみると図のようになります。

例えば大きな⊕があなただとすると、あなたの内面もまた二つに分かれています。

小さい⊕と⊖があなたの心を表しています。

これは自分の意識下にあってはっきりと認識することができません。

しかし相対の回転運動により、あなたの小さい⊖は反転して相対の大きい⊖に反映されてしまうのです。

具体的にお話ししましょう。

図のようにあなたの中には小さい⊖の位置に表した抑圧した無意識があります。

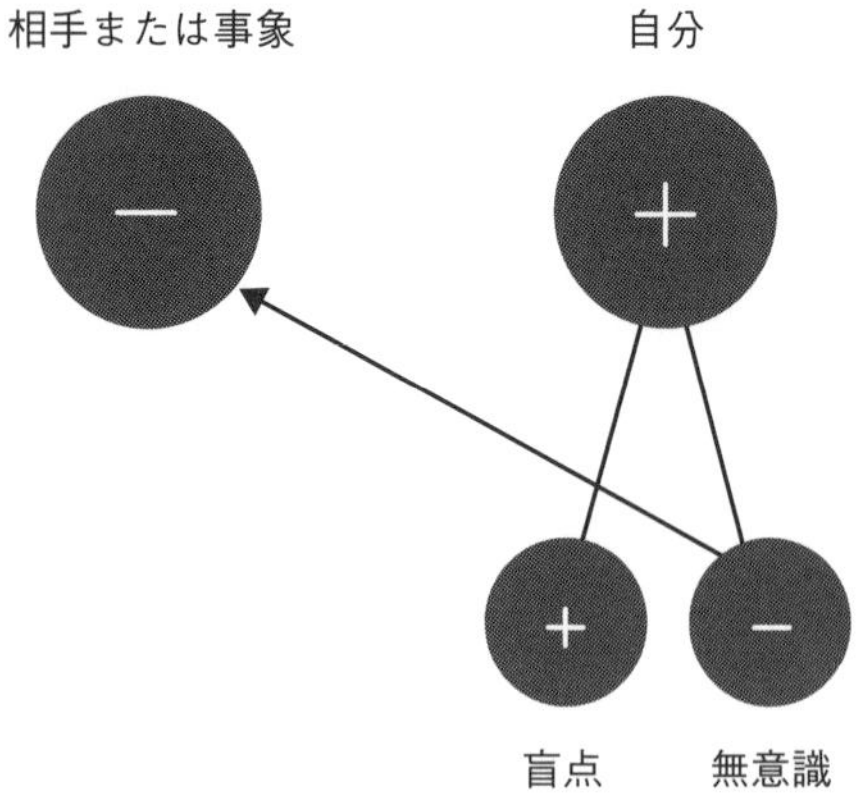

それをカバーするために小さい⊕という盲点が生まれます。その盲点を強化したものが大きな⊕で、あなたはそれを自分だと思っています。

人は今自分が表に出している姿しか認識していません。ですからすごく頑張っている自分が表に出ているとしたら、まさかそれと同じ分だけのマイナス面が同時に表現されているなど思いもしませんでした。

例えば、あなたが会社で一生懸命頑張っている。しかし上司も同僚もいっこうに認めてくれなくて悔しいという思いを抱いたとしましょう。

これはあなたの中にある「認められたい」という気持ちが強いということでもあります。その感情がなければ「認めない」という相手は現れません。

反転現象は正確に起こります。

この感情を設計図に当てはめると、あなたの

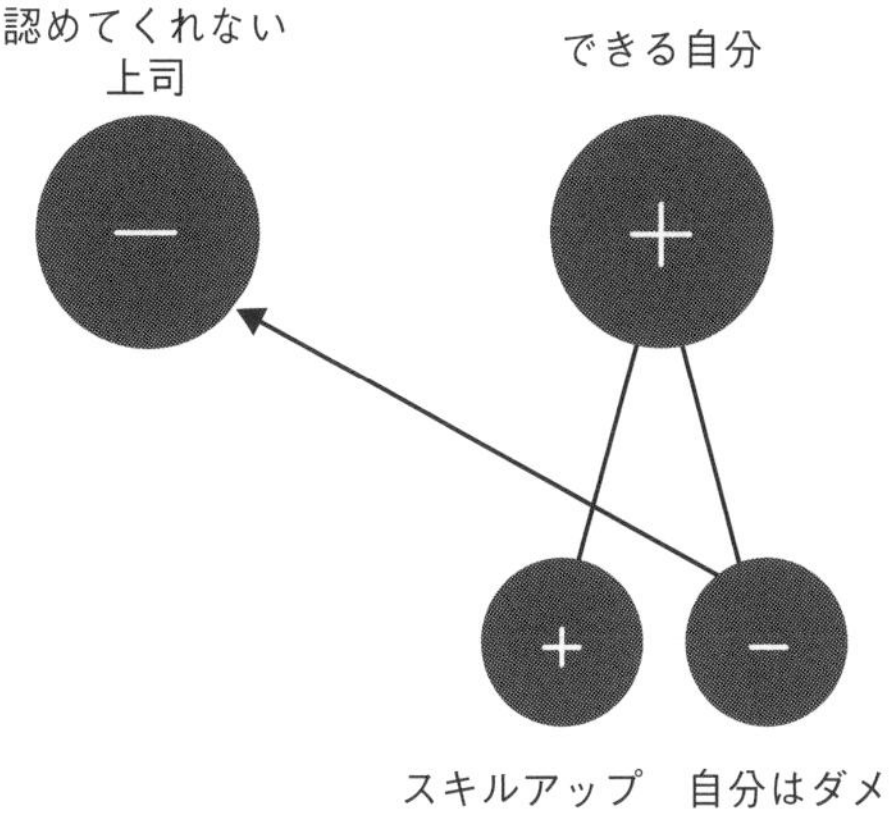

内面にあるのは実は「自分はダメだ」という大きなコンプレックスだったのです。だからこそデキる自分になるためにスキルアップに余念がない（小さい⊕）。そして、ファッションにも気を配って自分はかなりイケていると思って「認められて当然」だという気持ちで相手に期待を寄せていたのでした。

しかし残念なことに大元にあるのが「自分はダメ」なのですからそれが反転して相手に映ってしまいます。

認めていないのは自分であって相手ではなかったのです。

これが、人生を思いどおりにさせてくれない、内面で動いている仕組みだったのです。

このように「意識の設計図」を使うことで、相手の気になるところというのは、実は自分でも気がついていない、内面にある自分の無意識を示していたことが分かると思います。

〈ストーリー編〉の千尋さんが、最初に結婚してから会社の中で異動になりました。

その部署の新しい上司は千尋さんをまったく認めずに、毎日パワハラを受けるようなことになり、悔しい思いを経験しています。千尋さんも調理師の資格を活かせる部署から、慣れない事務仕事だけの部署に異動になり、自分の中に「自分は仕事ができない」という思い込みが生まれていたに違いありません。


この反転現象は内面の二つの世界がバランスを崩したときに現れます。

言い換えれば、あなたが大きい㊉だったら大きい㊀という外側（相手、あるいは、お金や仕事の問題などの事象）にストレスを感じたり、気になることが起こったりしたとき、それを起こした原因を発見するチャンスなのです。

「自分の何を見ているのだろう」という積極的な疑問が答えを導きます。

例えば誰か（何か）に執着して、欲しいと執着すればするほどそれが遠のいて一向に手に入らない、などという経験をされた方も多いでしょう。

システムで見ていくと、自分の中で足りない、あるいはないから、なんとしてもそれを手に入れて満たされたいと思うわけです。しかし自分の中にないのですからその誰か（何か）が振り向くはずがありません。

反転は、こうなりたいとアクセルを踏むと同時にブレーキをかけている状態なので物事は動きません。

「そうか、自分が手に入れたいのはその誰か（何か）ではなかった。自分の不足感を見ていただけだった」と気づき、そして、何が自分の過度な思いを生んだ原動力だったのかを知ると一気に緊張が緩み、執着が消えてしまいます。

ベクトルの図

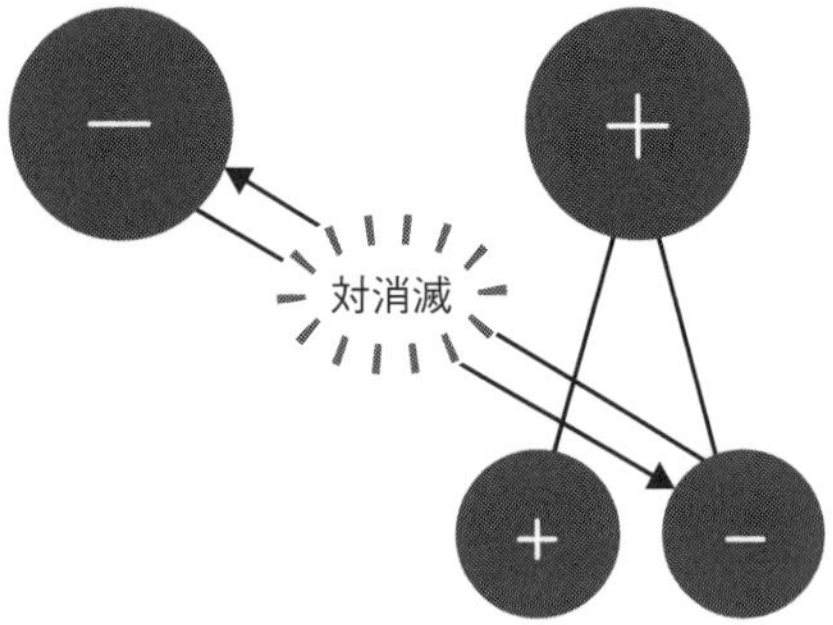

対象にベクトルを向けたときに、それが自分の内面に隠したものであるという認識（ベクトルを返す）をすることで、思考がつくったエネルギーは対消滅して問題にしていた現象は終わります。

ベクトルを返すとは、感覚的には相手や出来事を「受け入れる」ということです。

この「受け入れる」にはすごい力があり、今まで思い込みや自分のコンプレックスなどでつくっていた外側の現象を消していくことができます。

「自分はこんなものを持って、こんなエネルギーで動いていたからいつも失敗していたんだ」と具体的に気づくことができると心のざわつきが収まり、温かい気持ちになったりします。無理して頑張る必要がなかったのです。こうやって一つひとつ消していくごとに本当の自分が姿を現してきます。

このシステムの素晴らしいところは、例えば自分の不足感を知ったら不足感にとらわれることがなくなるので〝足りる〟という体験がやってくるということです。

これはみなさん経験していることですが、一つ解消するごとにただ終わるだけでなく、終わったことへのプレゼントのようにすぐ結果が現れます。厳しいだけだった母が優しくなる、想定外のお金が入る、昇進する、パートナーが現れるなど、その人がはっきりと問題が終わったことを認識できるプレゼントです。

正確にテクノロジーが作動していることがよく分かり、これはシステムを開発した私たち二人にとっても、みなさんの実践から見せていただいた嬉しい副産物でした。

今まで、いろんなことを変えようと努力してきたと思いますが、自分が自分だと思っている大きい㊉と相対の大きい㊀の中で答えを探していても辿りつかなかったのは仕方がないことでした。

まして一人ひとりが間違った自己イメージと思い込みの幻想で関わり合っているのですから、社会は複雑化して問題から抜け出せずにいるのは当然です。人で成り立っている社会を根本から修正するには〝人〟を見直さなければならないのです。

あらゆる事象は仕組みどおりに成り立っていますから、システムを使うことで、人生の一大事というような深刻な問題であれ、どのような分野であっても全てに対応することができます。

硬いロックがベクトルを自分に向けた途端に外れる爽快感は、今まで味わったことのない感覚でしょう。

バランスが悪い、傾いたと感じたときシステム図を思い浮かべ、その傾きを自分が認識した時点でバランスは整います。

バランスをとるというと、一般的に傾きを中心に戻すという考え方が多いかと思います。私たちはバランスが全体で構成されているととらえます。つまり重い荷物を片手に持ったら持ったほうに傾くというのがバランスです。

それをそのまま理解するということで、傾いていたバランスを維持する必要がなくなり、バランスから解放されていくということです。

つまり、整えようとすることに余計なエネルギーを使う必要はなくなります。

今まで反転のカラクリの中で、人間は真実の世界から放り出され、思い込みや思考のつくった幻想の世界で頑張ってきましたが、システムで幻想を解除すると人生が実にシンプルになってきます。不必要なエゴのつぶやき、過剰な感情、余計な思考が消えていき、リラックスした状態に自分の周りが一変してしまうのです。

そして、システムを使うことで体験者が得るのが、自分のおかれた状況の全体像を見ることができる「位置」です。漠然と客観視するということではなく、仕組み全体を掌握できるポジションを示します。

相対を超え、なぜこういう人生だったのか自分の人生のカラクリが分かると、大きな安堵とともに、何が起こっても大丈夫だと思えるようになります。

この位置こそ対立を超えた一つ（ONE）という位置で、自分に寛ぎ、そこに行けばエネルギー補給ができるパワースポットなのです。

大スターが見せる〝栄光と挫折〟。せっかく人一倍の努力でみんなを喜ばせて栄光の座についたのに、隠したものが反転して現れひっくり返るということがあります。片方が大きければ反転の力も同じだけ大きいのです。

誰もが自分の人生のスターなのですから、ひっくり返らない栄光のままスター人生を楽しみたいものです。

「受け入れる」という力

このように目の前の相手への思いは自分の思いを投影しているのだと説明すると、スクールを自ら受講された方でも抵抗を覚える方が結構いらっしゃいます。特に自分の周りに憎い相手がいるとか、本当に大嫌いな人がいるとか、そういう方の場合は、「絶対にあんな人が私を映し出しているわけがありません！」と抵抗されます。しかし、そのくらい強い気持ちでその人を嫌がっているということは、その強いエネルギーが反転して表に出ているわけですから、嫌な人はさらに嫌な人に育っていきます。

また、自分を直視するのが怖いという方もいらっしゃいます。自分を深く掘り下げる、つまり解体していくのがこのシステムなので、すべては自分がつくりだしている世界なんだということが分かり、徐々に知ることで怖さがなくなるということを経験します。このように抵抗しながら、挫折しながらでもシステムを使っていくうちに、大きく変化する人も多いです。

それはなぜかというと、システムが分かってくるにつれ、「この人が私の内側だとしたら……、あ、自分のこういうところが反転して出たんだ」というように、自ら体験できるようになるからです。そして、このような見方をしていくと、必ずそれらが合致することにも気がつきます。テクノロジーとして使う習慣ができてくれば、だんだんそれが瞬時に分かるようになったり、自分が考えている枠の外で何かに気づけたりするようになっていきます。最初に抵抗しても、このプロセスを味わうこともシステムの面白さなので全く問題ありません。

実際にそんな体験をされた方の例を挙げましょう。以前「夫と別れたいから、システムを学びに来ました」と言って、スクールに来た方がいました。しかし、学ぶうちに、夫の存在がどういうことなのかということもシステムで知っていくことになります。この方も最初はかなり抵抗があったようで、「嫌だ」と言って夫から目を背けていました。しかし、講師から「それは旦那さんのことじゃなくて、あなたのためのプログラムなんだから、あなたが理解して、それから別れてもいいんじゃない?」と言われて納得し、それからは自分を理解するための道具のように割り切って夫のことを見ていたそうです。すると、見ていけば見ていくほど、夫が言っていること、やっていることは、全部自分の姿を映し出しているということにだんだんと気づいていきました。

その結果、夫への見方がガラリと変わってしまいました。

すると、今度は夫のほうが変わってきました。それまで常に怒り狂っていたり、相手にもしてくれなかったり、そっけなかったりした夫が、急に愛の言葉をかけてきてくれたりするようになり、びっくりするような変化が現れはじめたのです。

そうやってシステムを実践していく間に、「夫はやっぱり私の最愛のパートナーだった」となるくらい、この方は変わってしまいました。そして、あれよあれよという間に元のさやに収まり、今では本当に新婚のような新鮮なご夫婦に戻って、お二人とも口をそろえて「一生のパートナーです」と言っています。

この方は、自分の本音が知りたくて、夫と別れたいという思いをきっかけにして、スクールで自分を知るプロセスに入られました。そのときには「どうやったら円満に別れられるか」だけを考えていたような方でしたが、システムを知ったら、円満な夫婦になってしまったというエピソードです。

受け入れることで相手との摩擦がなくなると、人との関係性に緊張感がなくなり、相手を思いやったり、感謝の気持ちが生まれたりします。

このような感情は愛情ホルモンとか幸せホルモンといわれるオキシトシンを分泌するそうなので、その相乗効果で好循環を生んでいくのではないでしょうか。

活発な体験者同士のコミュニケーション

そしてもう一つ、システムによって「目の前の相手には自分の認識できない自分が映っている」ということを理解していくことで、人の話を自分のことのように聞けるようになるという側面もあります。

〈ストーリー編〉にも千尋さんが、グループ形式のカリキュラムに出席したり、女性経営者の集まりなどでほかの方々の体験談を聞いたりする機会が描かれていましたが、実際のスクールのカリキュラム以外に体験者によるコミュニティ、カテゴリー別の研究会（ラボラトリー）、イベントなどの活動を通して、システムを体験された方の声を聞く機会がたくさんあります。

そこに集まる方はもともとさまざまな悩みを抱えていた方がほとんどで、その根本の原因というのは、当然のことながら人によって違います。恋愛への罪悪感を抱えていたり、自分への否定感だったり、両親への満たされない思いだったり、皆それぞれです。

そういうバラバラの原因を持っていた方々が集まって話をするのですが、システム上目の前の相手は自分の反映だということを知っていると、話を真剣に聞いているうちに、最初はまったく自分とは関係ないように思えた話でも、自分の話のことのように感じてきます。

「状況は違っても、自分もそういう否定感を持っている！」「その不幸な気持ち、自分も同じだった！」というように、必ず自分の人生とヒットしてきます。すると、周りでお話しされている仲間の声が他人事には思えなくなってきて、そこからたくさんの気づきを促されることも多いのです。

それぞれのケース、環境、年齢、性別などの構成は違っても、自分たちの体験をシェアしたり、システムの理解についてコミュニケーションを取ったりすることなどによって、話をする自分にもそれを聞いている人にもさまざまな影響を与えることができるのです。

体験者によるさまざまなコミュニティやラボラトリーなどでは、そうやって、仲間同士で相乗効果を発揮しながら気づきを深めていくこともできます。

システムの理解が進み、本質に迫ったことによって、また次に知りたい自分のプロセスがやってくることもありますので、そんなときには体験者同士で助け合えることのメリットはとても大きいのではないかと思っています。

ポジティブ・シンキングの落とし穴

そして、反転ということが分かってくると、一つ疑問を持たれる方もいるかもしれません。それは世の中でたいへん良いとされている「ポジティブ・シンキング」についてです。ポジティブ・シンキングとはあらゆる物事を肯定的、前向きにとらえて、現実をもプラスに変えていこうとする考え方です。おそらく多くの皆さんが重要視する考え方でしょう。

たしかに困難があってもくじけず前向きに、人生を切り拓いていこうという姿勢は素晴らしいと思います。しかし、そのために自分の内面のマイナスに蓋をしてしまい、プラスにどんどん傾いていくのだとしたら、どうなるでしょうか。どんなにプラスだけに意識を集中させていたとしても、内面のマイナスがなくなることはありません。ですから当然、反転現象が生じて頑張れば頑張るほどマイナスが大きく表に現れてしまいます。ポジティブ・シンキングは実はネガティブ・シンキングだったというパラドックス、そこにこのポジティブ・シンキングの落とし穴があるのです。

本当のポジティブ・シンキングは、相対を超えた位置でリラックスしていることだと私たちは考えます。

Session 3　自分が自分のコンサルタントになる

物事との関係性を把握する

ここから具体的な例題を使いながら、日常のさまざまなシーンを見てみましょう。

今までお話ししてきたように、何か自分に問題が起こった際に、それを人のせいにしていたり、環境のせいにしていたり、自分の外側に原因を求めたりしていては、何も変わることはありません。一度問題は収まったとしても、また同じような悩みが浮上してくるはずです。あらゆる物事を、自分と分離させて考えていては根本の解決法は導き出せません。自分と〇〇というように物事と自分との関係性から探っていく必要があるのです。

例えば、仕事に対してすごくネガティブな気持ちを持っていた女性がいました。彼女は仕事が嫌なのは自分の職場の環境のせいだと思っていました。彼女が仕事をするのはあくまで生活のためであり、仕事で私生活を犠牲にするのは絶対に嫌だ、仕事は心身ともに疲弊させるものだから、仕事に取り込まれないようにしようと常に意識していたといいます。

そんな彼女がシステムと出会い、自分が仕事を嫌っている原因を自分の中に求めるようになりました。すると、彼女は自分の仕事への考え方は、幼い頃に見ていた母の働く姿に根本があると考えるようになりました。管理職である彼女の母親は毎日残業続きで、家に持ち帰ってまで仕事をすることもあり、相当過酷な労働環境でボロボロになるまで働き続けていたように見えていたのです。

しかしシステムによって、働く母親のマイナス面だけでなく、プラスの面が見えてくることになります。それは女性管理職として男性と肩を並べて颯爽《さっそう》と歩く姿や、会議で堂々と自分の意見を述べ、活躍しているカッコいい姿でした。さらに、自分が嫌っていたのは仕事そのものではなく、仕事優先で自分を見てくれない母という見方から、母を奪った元凶である「仕事」というものを憎んでいたのだということに気付いたのです。そんなことから、彼女は自分の職業観をきれいにリセットすることができました。

すると、これまでは「生活のため、お金のため」と割り切って、憂鬱な思いを抱えながら通っていた職場が、とても楽しく思えてきました。いきいきと働けるようになった彼女は周りからも高く評価されるようになり、初めて昇進も果たして給料もかなりアップしたそうです。

また、別の男性の話ですが、「成功した未来」「安定した未来」をひたすら追い求めていた方がいらっしゃいました。先行き不安な今の世の中ですから、もしかしたらこういった方は多いかもしれません。

その男性は当初、成功し、安定した未来のために、本業である保険の営業を必死に頑張るだけでなく、サイドビジネスをしたり、人から誘われた儲け話に乗ったりするようなことをして、とにかく日々一生懸命頑張っていたそうです。しかし、結局思うようにはお金も貯まらず、いつしかこれでいいのかと思うようになってきました。

そんな矢先、その男性もシステムを知ることになります。すると、彼はすごいエネルギーで未来を追いかけているので、どこまで未来に行っても、見るものは「今の不足」なんだということに気がつきます。彼はシステムによってそれが分かったときには本当に愕然としたそうです。なぜなら、これまで彼が必死で追いかけていたのは富や成功ではなく、不足感だったのですから。

そして、安心できる未来が欲しいと思っているベースが、自分の中にある不安というエネルギーであるということを知った彼は、次にその不安がいったいどこから来ているのか、ということもシステムに当てはめて考えてみました。

すると、ある日彼は自分の母親がずっと未来への不安を語っていたことに気がつきました。もちろんそれは子どもへの愛情から出ている言葉なのでしょうが、「ちゃんと貯金しなさいよ」「いい高校にいって、いい大学にいかないと、一流のいい会社に就職できないわよ」などと常に不安を口にしています。思い返せば、彼が子どもの頃から母親は心配と不安の塊で、常にこのようなことを語っていたそうです。

彼は、未来を幸せにしようとして今を犠牲にしていく人生を選んでいたことも分かり、このままでは絶対幸せになれない原因をシステムによって見事つきとめることができたのです。

この男性は自分のベースに、母親から受け継いだ心配と不安のエネルギーがあることに気がつきます。実はスクールの受講生の中にも、最初は「自分は別に親の影響なんか受けていない」という方もいますが、それは自分がそう思い込んでいただけというケースが案外多いのです。自分を深く解体していくことで、自分がうまくいっていないのは、親の影響が原因だったという場合が大いにあります。

最初にお話ししたように基本的に、人は実際の肉体の性が男性であっても女性であっても人間の中には男性性と女性性というものがペアで存在しています。その二極のエネルギーがあるのです。また人は誰でも父親と母親から生まれており、父親からの遺伝子と、母親からの遺伝子を受け継いでいます。

肉体的な遺伝子では、例えば鼻が高いとか、背が低いとか、いろいろなものがありますが、それと同時に心象的なことなども引き継いでいるものです。また、親の考え方などにも影響を受けています。親がいない人でも育ててくれた人の影響を受けます。

前出の男性のケースもそうですが、幼少期の、体も心も育っていくような段階では、知らず知らずのうちに母親が話す不安だとか、心配だとか、そういったものが植え付けられてしまうということがあります。

例えばお金に対する考え方一つとってもそうだと思います。子どもの頃から「お金は人を不幸にする」とか「お金持ちは悪い人たち」などと言う親の言葉を聞いて育った子どもは大人になっても親と同じような発想をして、どこかお金を悪いものとして見てしまうような傾向があるものです。

子どもの頃に親から虐待されていたという人が、大人になって子どもを産んだときに、今度は自分が子どもにDVをしてしまうという話も残念ながら、よくある話です。

しかし間違ってほしくないのは、「だから親が悪い」ということではないのです。その親も同じように親の影響を受けて育ってきました。

無意識に受け継いだ思考の影響が、消去されないまま代々引き継がれているということなのです。

システムによって現象を生み出す大元を消去しなければ、たとえ反面教師として生きていてもどこかで同じ現象になってしまうものです。

システムで自分を知り、内面が整うと、自分の子ども、子孫にネガティブなものを引き継ぐ要素がなくなるとともに、間違った思い込みで作られた過去の記憶も変わり、過去に問題があった家族や親族との関係性なども様相が一変してしまいます。

ROSSCOはこれを〝一族のヒーローになる〟と言っていましたが、まさにそのとおりだと思います。

最も難しい夫婦間の確執

関係性において多くの方が持っているのが〝夫婦間〟の問題です。

分かり合えない、価値観の不一致、愛情が冷めた、その他現象はさまざまです。外では自分の本音を取り繕うことができても、どうにも隠しきれないのが夫婦関係です。

今離婚は身の回りにたくさんある状況で、離婚がその人のマイナス要因となることも少なく、結婚の価値は低下する一方だと思います。

自分の隠した感情がいちばんあからさまになるのが夫婦の関係で、だからこそ、システムが最大限に活用できるとも言えるのです。

つまり、夫婦の関係にこそ、真実を知れば思いもよらない可能性が内在しているということなのです。

相手に求めるものも大きいですし、その分不足感も膨らみます。感情が最も出やすい相手ということは、隠されて自分では見えない自分の傷の形、思い込みのパターンなどが色濃く反映されてしまう相手ということになります。

それゆえに別れるしか逃げ道がなくなるのですが、ここで一度踏みとどまってシステムを使っていただきたいのです。

システムによって相手が何を見せてくれたのかを知ると、自分がこれまでの人生の中でうまくいかなかった大きな原因を解放することができます。

その原因こそが相手との関係を悪くしていたのですから、関係性が全く変わってしまうのです。

例えば、妻が幼少期から親の愛を感じられずに育ち、自分は愛される価値がないという思いを自分でも知らずに持っていたとすると、夫から「この人は私を大切に思っていない、愛されていない」ということばかりを拾って見てしまうのです。

システムでそれが理解できたとき、夫に対する見方が全く変わり、その結果、夫との関係性が驚くほど変わってしまうのです。子どもいたら子どもの問題も同時に解決して家族全体が変容するのはいうまでもありません。

本書の最初のほうで、離婚したいからと学びにきた方に、講師が「離婚をするのは自分を知ってからでもいいのではないですか」ということを言いましたが、自分の反転した世界を知ったうえで離婚するなら、相手を悪く思う思考もなくなり、あとくされなくスッキリと別れられます。その結果過去を引きずることなく本当に合う相手と再婚することもできるでしょう。負のループは終わっていますからもう離婚の心配もありません。

結婚したり、子どもができたりするというのは考えたらすごい確率で出会い、結ばれた相手です。別れるにしても、やり直すにしても、その関係性からシステムを使って最大の収穫を得ていただきたいと思います。

今若い世代は、タイパ、コスパ、エネパ（時間、お金、労力のパフォーマンス）が割に合わないと考え、恋愛や結婚に気持ちが向かない人が急増しているようです。

これも少子化などの社会問題につながっているわけですが、私たちの研究結果により、この密接な関係にこそ、人間を格段に飛躍させる可能性があることが分かっています。自分を知っていくことで、〝割に合わない〟どころかハイリターン確実の関係性だと分かったら、結婚に対する社会的概念が変わっていくのではないかと思います。

スクールでは、至高の関係性に至る特化した講義もあり、あらゆる相対を超えた究極のパワースポットへといざなっています。

自分の行動パターン・口癖を観察する

さきほど、母親の心配や不安な口癖に影響を受けていた男性の話をしましたが、皆さん自身の中にも、口癖はもちろん、行動パターンの癖を持っている方がいると思います。そんなところからも、自分を苦しめている根源の原因を探るヒントが隠されていたりします。なぜなら口癖にはその人の隠した思考が表現されているからです。

例えば完璧を求めるあまりに、常に人の言動をジャッジする人、人の話をじっくり聞くことができずに、相手の話の途中で口を出してしまう癖のある人、「自分なんて……」が口癖で、常に劣等感を抱えていて、どんなときでも遠慮をしてしまう人など、さまざまな考え方の癖、口癖があります。

人の口癖は分かりやすいですが、意識したら自分も事あるごとに同じ言葉を発していることに気がつきます。怖いのはその口癖を発するたびにそれを自分で認識して強化しているということです。

そこから「なぜ自分はこんな口癖があるのだろう?」と探っていき、そのときの感情をシステムに当てはめてみることで、より深く自分を知ることができます。

例えば欲しいものが手に入らないパターンの癖として「逃げ癖」というのがあります。自分で求めて良いところまでいくと、なんらかの理由が浮上して終わってしまうのです。

どういうことかというと、それがいよいよ手に入るとなると「それを得る自信がない」「そんな資格はない」という無意識の思いが、正当性のある理由を生み出して、自ら近づいてきたものから逃げてしまうのです。

いつも○○が欲しいと言っているのに現状維持の人は、これが原因かもしれません。

相手によって変わる態度の正体

これまでのように目の前の相手を自分と分離して見ていたところから、相対の関係と気づいていくと、見る世界が全然変わってくることに気がつくでしょう。相対というのが表裏一体だというならば、相手が見せているものは何なのでしょうか。

まず、これは多かれ少なかれ誰もが経験していることだと思いますが、ある人にはとても穏やかに接することができるのに、別の人にはいつもイライラしてついキレてしまう……といったように、相手によって自分の態度や性質がコロコロと変わるということはごく普通にあることだと思います。もしかしたら、そんなことから自分っていったいどんな性質なのだろうか……と分からなくなっている人もいるかもしれません。

人はいろいろな関係性の中で生きています。関係性とは相手との組み合わせによって引き起こされるものです。ですから、例えば親といるとき、配偶者といるとき、子どもといるとき、上司といるとき、部下といるとき、友達といるとき、このそれぞれで自分の感情や態度は異なってくると思います。また、相手が怒りっぽいと感じていたら、自分は冷静だと思うでしょう。しかし相手が変わると自分の態度も正反対になってしまうこともあります。これは相手とあなたが相対の関係だから起きることなのです。外面（そとづら）、内面（うちづら）などという言葉もありますが、外の友人にはいつも冷静で穏やかに接しているあなたが、家で家族には怒りっぽい態度をとってしまうというようなこともあるでしょう。これは関係性が変わることで起きてしまうことなのです。つまり、「あの人はこういう人」というのは決めつけに過ぎないということです。

システムを使うことで、相手の気になるところは、実は自分でも気がついていないあなたの裏側を見せていることが分かります。

そのようなことが分かってくると、嫌いだったり、憎いと思っていたりするような相手でも見方が変わり、その結果相手が別人になってしまうという面白い体験をすることになります。

〈ストーリー編〉の千尋さんも、この事実に気がついてからは、それまで恐怖心を抱いていた両親に対しても、まったく違う思いがこみ上げてきて、自分から連絡をとろうと思って店に招待するなど関係性が激変しましたし、これまで「一人前とは言い難い」と思い込んでいた若い従業員も、その思い込みが外れれば実は思いがけない良いアイデアで店を盛り上げる協力者に変わってしまいました。

お金と愛の密接な関係性

お金の問題に悩んだり、苦しんだりしている方々は結構多いようです。

苦しんだりしないまでも、お金が人生のあらゆるシーンに影響を与えていることは間違いないように思います。

そこで考えていただきたいのですが、全てが自分の内面の反映なら、お金の状況も自分の考え方や思いと大きく関わっているということです。

私の見てきた多くの実例から、中でもお金の問題というのは愛の問題と比例しているようです。それは自分の力で稼ぐ自営業であっても、サラリーマンであっても無職でも同じです。

人と同じようにお金との付き合い方はどうだろうかということです。

お金の量はその人の満足度ですから、お金がたくさんあるかどうかということではありません。

前にも言いましたが、親からの刷り込みでお金は汚いものだとか、憎いものだと思っていたら関係性が良くないのですから、お金との関係もギクシャクしたものでしょう。

自分を価値がないと卑下していたり、お金で何かに復讐をしようなどと思っていたりしたら手痛いしっぺ返しを受けてしまうこともあります。

なぜお金と愛の問題が比例しているといえるのか一つの実例を紹介します。


50代の男性が最初にこの思考のテクノロジーを知ったのは、ROSSCOの著書でした。幼くして母を亡くし、父の再婚相手から食事もまともに与えられない虐待を受け愛情に飢えて育った彼は、お金しか自分を助けてくれるものはないと固く信じお金に執着して生きてきました。

まともに働きながらも、経済セミナーや自己啓発セミナーなどの多額の投資で借金に苦しみ、どうしたらここを脱却できるのか模索していたときでした。

本の中に書いてある内容に惹かれた彼は、通勤の行き帰りに何度も何度も読んでお金の本当のことが知りたいと学び始めました。

「プラス思考で、頑張れば必ず夢はかなうとやってきて、ますますひどくなっていたので、このシステムの価値がどれほどのものか分かりました。

システムで自分を見ていくうちに、自分の愛の欠乏感が全てに影響を及ぼしていたことを知ったんです」と彼は言います。

お金こそ自分を幸せにしてくれると思っていましたが、それが自分の欠乏感の映しならかなうはずはありません。

幻想が消えた彼は、ありのままの自分を認めることができました。

自分を卑下する必要もないし、なぜあの親だったのかも理解して親のことも許すことができたのです。愛の欠乏感は消えました。

その直後、今まで買っておきながら放っておいた仮想通貨が大きく変動していることを知り、多額のお金が入ってきました。

それを契機にお金は順調に回り始めたのです。

「お金を求めながら、実はお金が憎んでいたものの代替だったなんて。私は憎しみを追いかけていたんですからね。こんなこと、このシステムがなかったら一生理解できなかったでしょう」と今ではお金とたいへん仲良しになっています。

このように、夫婦間の愛の問題に悩んでいた人が、愛されていないという幻想から抜け出し夫とうまくいきだすと、夫のお給料がアップする。

自分を認めるということは自分への愛なので、経営している会社の売上が一気に上がる。

周りに感謝ができるようになるのも、自分の中の愛の復活なので、滞っていた遺産問題が突然解決してお金が入ってくるなど、結果が分かりやすく現れるのもお金の特徴です。お金が豊かさの象徴なら、愛の問題と関わってくるのは当然かもしれません。

お金は生き物だとつくづく思います。


人間は関係性においてどうしても自分の感情に陥るものなので、それがいろいろと難しくしているわけですが、その感情をシステムに当てはめて考えるので、感情と離れ、自分が自分のコンサルタントになったように自分を見ていくことができます。

そうやって日々関係性の中でシステムを使っていくうちに、全体を見渡す感覚がどんどん養われていくのです。

パターン化のトライアングル

〈ストーリー編〉に登場する多くの人がそうでしたが、私たちの現実にも同じ失敗をくり返したり、同じような悩みをくり返したりする人は多いものです。千尋さんも結婚して幸せになれたかと思いきや、会社でのパワハラ、夫の浮気で離婚、自分の店が持てたかと思いきや、2度目の夫のDVに遭う……と幸と不幸が連続して起こる、負のループのような人生でした。

皆さん自身の人生にもこのような「パターン」というのはあるでしょうか？　成功したいと願ってうまくいっていたのに、いつも途中で挫折してしまうとか、幸せになりたいと思って努力を惜しまないのに、求めれば求めるほど幸せが遠のいてしまってつかめない、といったようなパターンをくり返すことです。一度じっくりこれまでの自分を振り返って、考えてみてください。

図で説明しましょう。

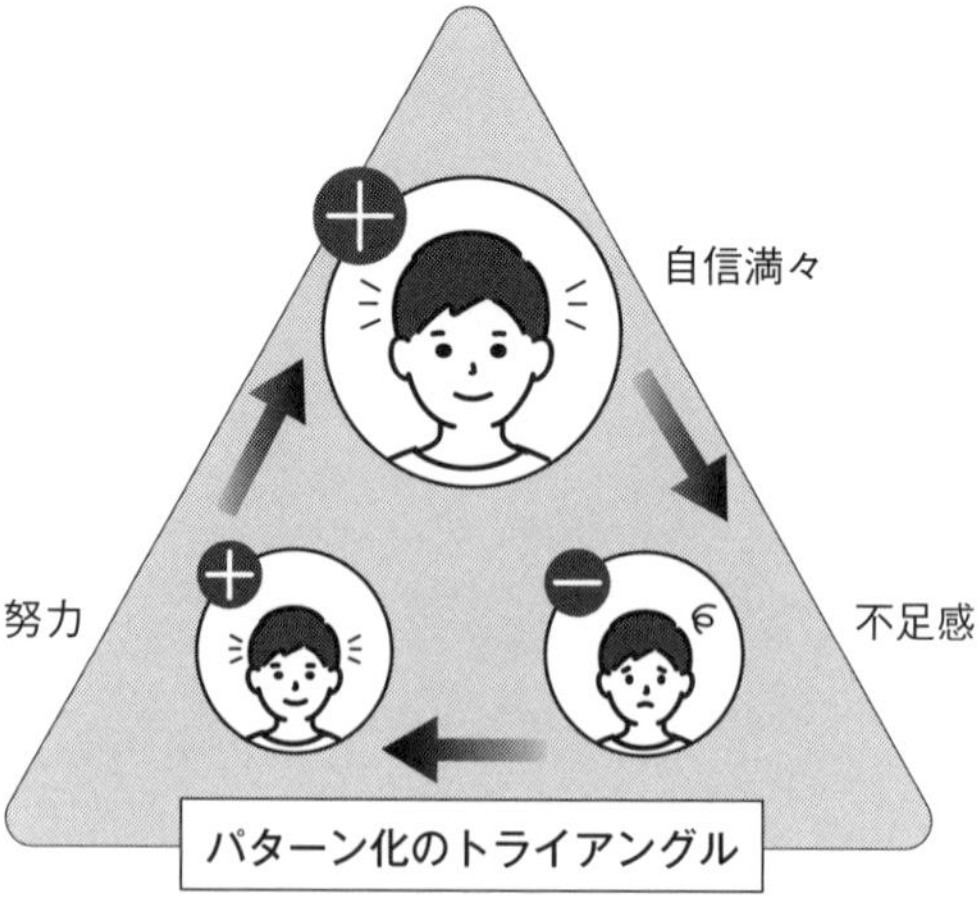

こういった自分の人生のなかでくり返し起こる出来事のパターンは、自分自身を理解していないために自動的に起こってしまう「パターン化のトライアングル」の動きによるものです。これは、あなたの隠されていた思いが外側の現象に現れ、同じところをグルグル回ってしまう仕組みです。

例えば、仕事のポジションを上げたい、もっと収入を得たい、自由になりたいと、今の状況からなんとか脱出しようと頑張っているとします。

しかし、実はそれらはあなたの中にある不足感がベースになっています。その不足感を補おうと懸命に努力をして、表では自信満々の姿を装っています。しかし、この自信の根本にあるのは不足感なので、結局足りない世界がくり返し現れてしまうというわけです。こうして「パターン化のトライアングル」が出来上がってしまいます。

〈ストーリー編〉に登場する「成功理論オタク」の青年は、まさにこのパターンに合致します。幼い頃に抱いた父親に対する憎しみが、やがて男性全般に対する憎しみへと拡張され、何かで彼らに勝ることで自分を満たそうとしていたこの青年は、自分の中の男性という片側のエネルギーへの不信もありましたから、フルスロットルで前へ行こうとしている自分がいると同時に、思いっきり自分をぶち壊そうというエネルギーも与えています。つまり、アクセルとブレーキを同時に踏んでいる状態なので、燃費も悪いですし、おそらくどこかで投げ出したくなってしまうことでしょう。そして、それをくり返してしまいます。

もう一つ、こんな実例もあります。自分のことを「問題解決型の人間」だという男性が、ROSSCOのセミナーに初めて参加されたときのことです。そこでROSSCOは次のようなことを述べたそうです。

「この世の中に、１００パーセント成功できる世界が実はある。しかし、この二元性の世界を超越した世界に行かないと無理だ。問題を解決しても、また問題がやってくる。そのくり返しだ。悩みと解決は表裏一体だから悩みは必ず解決する。しかし、解決したらまた悩みがやってくる」

これを聴いていた男性は、これまで聞いたことがない話の数々に本当に驚愕《きょうがく》されたそうです。

この方は、自分を「問題解決型」と言っているので、過去にも数々の自分の問題を解決し、我が道を切り拓いてこられたのでしょう。しかしこれでは完全にパターンにはまってしまっています。自分から問題を呼び込んでいるようなものなので、次から次へと問題がやってくる状況になります。問題が起こらないようにしたいと思っても、常に問題を解決しようとしているこの方のスタンスではそもそも無理な話なのです。

そのため、多くの問題を乗り越えても、乗り越えても、まだまだ成功へは道半ば……

という状況だったのです。

聞いてみたら、当時のこの方はどこにいっても口癖のように「どうやったらその問題は解決できますか？」という質問をくり返していたそうなんです。この「どうやったら」という言葉が出てくるということ自体が、あらゆる事象を問題としてとらえてその問題を解決したことに満足して、また次の問題を追うというパターンです。この考え方の癖がある限り、パターンからは抜け出せないのです。

ちなみに、「問題解決型」の男性のその後をお伝えすると、ROSSCOのセミナーで目から鱗の体験をしたあと、すぐにシステムを学びはじめました。そしてまもなくこのパターンからも無事に脱出でき、今では問題が起こってもその見方を知っているので、問題にはまらずにそれを終わらせることができるようになっています。

また、この「パターン化のトライアングル」は、親子関係や男女関係においても、よく起こります。心の中では愛を感じられないことが悲しくて、表面では愛を感じているふりをすることがあります。自分はこんなに愛がいっぱいの人だと思えば思うほど、相手は自分から離れていってしまいます。もしくは、結婚をして、愛が感じられないから離婚をして、その後また素晴らしい人に出会って再婚をしますが、そもそも愛を感じられないのは自分自身なので、一時的に幸せに浸れたとしても、結局同じ思いからは逃げられないという仕組みです。前回とはまったく性格が違う人と再婚をしたと思っていたのに、その後、相手が前と同じような人になっていってしまったということも、よくある話です。

頑張っても、望んでも自分を満足させてくれないパターンをシステムによって解除すると思いがけない世界がやってきます。

自分が変わると大変化する世界

「自分が変わると周りが変わる」と、言葉で言うのはとても簡単ではありますが、それが顕著に起こるのがこのシステムの特徴の一つです。これについては、システムを知らない方にとっては、ちょっとしたミラクルだとか、単なる偶然だと思われるかもしれません。しかし、スクールの講師陣をはじめとして、実際に私たちのもとでこうした「ミラクルのような」体験をした方はすでに何万人といらっしゃるわけです。

例えば、今システムによって自分を理解するプロセスで変化をしている女性がいます。その女性は、常に目の前に映し出される自分の世界を、システムを通じて見る訓練ができています。ですから、彼女は会社で働いていても、常にその視点で物事を見ます。上司に対しても、同僚に対しても、部下に対しても、取引先に対しても同じです。難しい取引先の人が訪問してきたときには、「自分を映し出している人がやってきた」と考えて、その人を通じて自分を理解していると、嫌なことがなくなり、自己評価もどんどん上がってきました。

すると「あなたがいるだけで、会社がうまくいく」とか、「あなたがいると、コミュニケーションがスムーズにいく」とか、「あなたが具体的に何をしているのかは分からないけれども、あなたの存在だけで何かが違うんだよね」と上司から言われて、まるで自分がスターになった気分になってしまいました。

あなたの人生のすべてがあなたの描いていたシナリオだったとしたら、そしてその大嫌いな人も自分のシナリオどおりに演じてくれていたとしたら、とても面白いのではないでしょうか。良くも悪くも彼らはあなたの思いどおりに行動してくれます。

見ているものが自分のつくりだした映画だと分かると、その楽しさに夢中になると思います。


システムによって自分一人の変容が周りにもたらす影響ははかり知れません。

自分が問題を解除した途端に、自分の周りの家族、仕事場、学校などで変化を見ることになります。

これに関しては、小さなことから大きなことまでシステムを学ばれたほぼ全ての方々が体験し「まるでドラマか映画みたいだ」と言われます。

しかし、テクノロジーですから、大きさに関係なく「変化した」ということが大事なのです。


ある女性の体験ですが、幼い頃母親を亡くし突然新しいお母さんと暮らすことになりました。彼女はお母さんから疎外され愛の不足感を持ったまま大人になり、家庭を持ちます。

父親も大嫌いだった彼女は愛の欠乏感がベースですから、夫ともうまくいかず、離婚を考えていたときにこのシステムを知りました。彼女は自分の娘を愛せないという苦しみの中にもいました。

そんな彼女が勇気を持って、なぜこんなに苦しいことばかりなのかと、システムを使って自分の人生に進入していったのです。

そして「なぜ」という疑問を一つひとつ解いていったとき、「誰も悪くなかった。自分も含めみんなそうとしか生きられなかったんだ」と心底理解できました。

自分には愛がないという自己否定から解放された途端に彼女の人生は大逆転していきます。

まず夫との関係が大きく変わったことで中心軸ができた彼女の周りの関係性――父、母、親戚、そして娘、全てが劇的に変わってしまったのです。さらに今までやったことがない、飲食店を開業するというおまけまで付いてきました。

自分を中心にそれぞれが不幸を絵に描いたような家族が、彼女一人が本当の自分を知り〝生き〟始めたことで命を吹き込まれたように変わっていったのです。
お店は、彼女と夫の夫婦の姿が素晴らしいと、協力者がどんどん集まり実現したものので、取材なども受け順調な営業を続けています。

家庭や会社、社会のさまざまなシーンに一人、完全に自分を認めて愛することができるようになった人がいるだけでその場は変わる。
人間にはその力があるのだと確信しています。

私たちはシステムで、目に見えない人間の意識を解き明かしました。この人間の意識の部分というのは、量子レベルで関連し合っているととらえています。

ご存じのとおり、人体を含めてこの世のあらゆる物質は原子からできています。量子とは、原子やそれを形作る電子、陽子、中性子などの物理学におけるさまざまな物理量の最小単位を表しています。
私たちのシステムは、人間の意識、感情を体系的に組み立て、テクノロジーとして操作する方法を解明したのですが、感情や出来事が対消滅する現象が必ず起こるのは、この量子レベルの動きと連動していると考えています。

私は量子や科学の専門家ではないので、これ以上のことは控えますが、意識の分野の話をスピリチュアルのようにとらえる方もいる一方で、最近では脳科学や量子力学の観点から解明していこうという動きもあります。

システムの正確さは、数多くの実践者、体現者により証明されています。それほどの数の方が、自分を知り、現状から解放され、人生を再創造していっているのです。それが何よりの証明ではないでしょうか。

私は「科学はあとから証明してくれる」と確信しています。

新感覚のアイデンティティが生まれる

Session 1　自分を拡張させるプロセス

自分の宇宙に進入するテーマパーク

ここまで実例を使いながら、システムがどういうものかということをさまざまな角度からお話ししてきましたが、このシステムは現在抱えている問題を解決することがゴールではありません。

問題解決は当たり前のこととして、人生の再生、さらに未知の領域へと自分の能力を高めていくことを包括した意識のテクノロジーなのです。

自分を知っていくことがどのようなプロセスを辿るのかを表したのが次の図です。

私たちはこれを『自分の宇宙に進入するテーマパーク』と呼んでいます。

〝自分の宇宙に進入〟という意味をイメージしていただくために少し古いＳＦ映画のお話をします。

１９６６年頃ですから相当古いのですが、今でもＳＦ映画の金字塔と言われるくらいの傑作で、私も引き込まれて観た『ミクロの決死圏』という映画です。

その内容は、脳に障害が起こり、外科手術が不可能な要人を救うために、医療チームが潜水艦ごとミクロ化して要人の体内に入り原因を探し出して治療をしていくという話です。体内の抗体の襲撃などもありとてもエキサイティングで面白い発想でした。人間の体はよく宇宙の構造と同じだと言われますが、私たちのテクノロジーも外側では原因が見えない自分の宇宙に、意識というミクロになってどんどん進入して、原因を見つけ修正していくという感じで、実はとても面白いのです。

最初こそは抵抗感があったり、戸惑いがあったりする方もいますが、驚いたり、感動したりしながら、思いがけない自分を知り、どんどん展開が進んでいく体験は、まさに人生のテーマパークのようだと思うのです。

ここに入場するのに、年齢、性別、経営者、学生、主婦など社会的ポジションや、現状など関係ありません。

では、この図に書かれている一つひとつのステージについてご説明しましょう。

新感覚のアイデンティティ
自分の宇宙に進入するテーマパーク

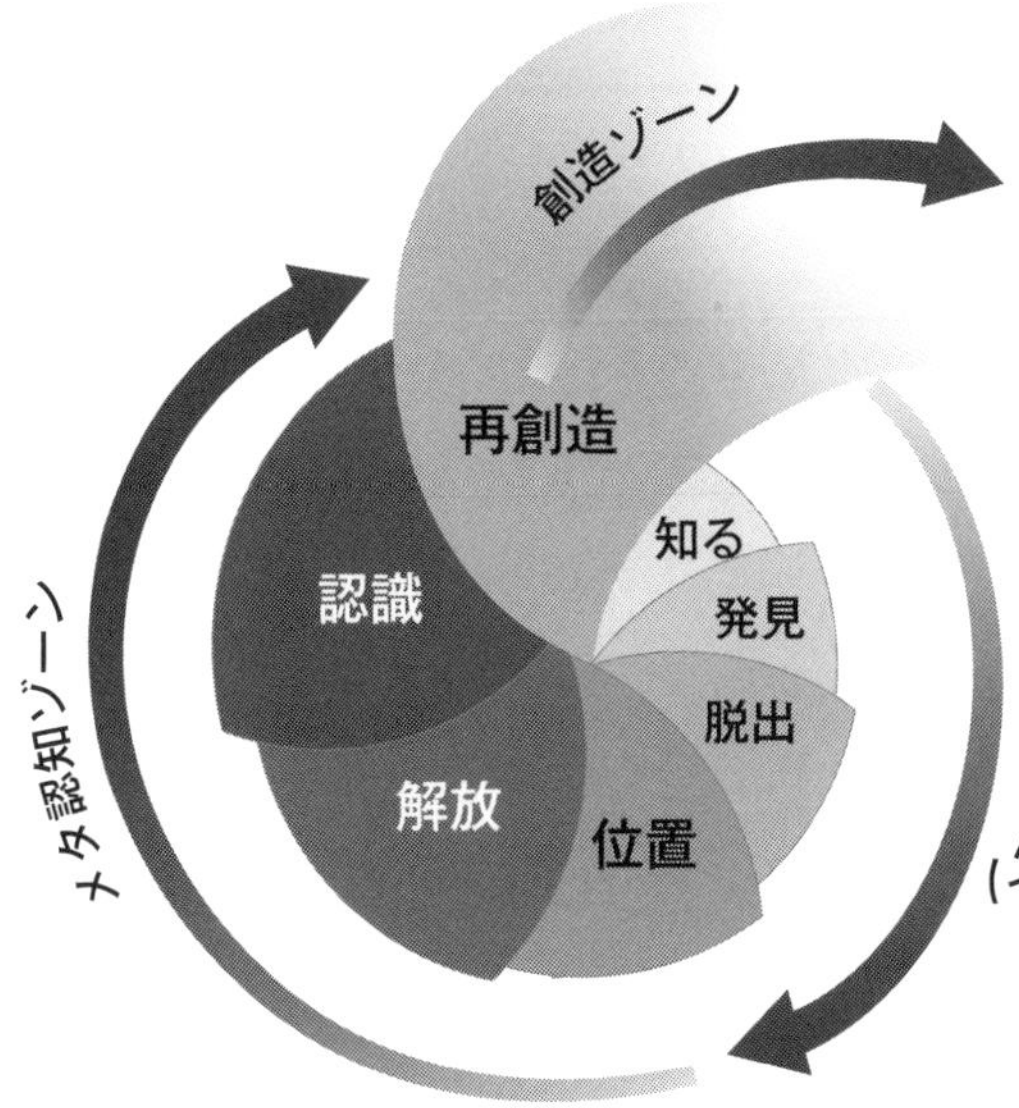

知る	あらゆる現象の根源を知る
発見	思いどおりにならない原因の発見
脱出	トリックの世界からの脱出
位置	すべてを俯瞰する位置を得る
解放	未体験エリアの解放
認識	時空間の概念を突破し、ダイナミックな空間を認識する
再創造	あらゆるものを再創造する

システムゾーン

システムに出会った人は、まずこの「システムゾーン」から入っていくことになります。

知る【あらゆる現象の根源を知る】

問題や避けられない出来事というのは本人の意志や思いとは関係なく起こると思い込んで、私たちはそれに翻弄されてきました。しかし、実は物事の成り立ちにはシステムという基本的なものがあり、すべてはシステムどおりに起こっていたんだということを知る、第一段階のステージです。

〈ストーリー編〉の千尋さんは、ネットの動画から知ったスクールのセミナーを受け、講師から自分の状況が分かる「意識の設計図」についての話を興味深く聞きます。

この段階から、目の前の相手は認識していない自分を見せてくれていることを知り、目の前の相手が何を映し出してくれているのかと、相手に興味を持つことができるようになります。その結果、相手に丁寧に接することができるようになっていきます。

他者とのコミュニケーションがスムーズになっていく始まりです。

発見【思いどおりにならない原因の発見】

すべてがシステムどおりに起こるということは、これまで起こったあらゆる出来事、自ら求めてこうなろうと頑張っても実現できなかったことにも、全部理由があったということになります。「原因が私自身にある?!」と、びっくりしたり、がっかりしたり、いろいろ発見があったりして驚きの連続になるような体験をします。

反転のトリックを知り、今まで思いどおりにならなかった出来事の理由が一つひとつ見えてきます。

スクールで学び始めた千尋さんも、最初はすぐにこれが発見できずに手こずっていましたが、試行錯誤しながらも、ついにその原因は「人への恐怖」であったことを見つけ出しました。

脱出【トリックの世界からの脱出】

相対、表裏一体、反転の仕組みを知ると、混乱していた頭の中がどんどん整理されていきます。そんなトリックにハマっていたと分かったら、そこから出ればいいわけです。

自分に起こっていることを一つひとつシステムに当てはめることで、テクノロジーを使いこなせるようになります。

感情を紐解いていくと、複雑に見えていたことがシンプルになり、今まで頭を悩ませていた問題からも面白さを見いだせるように変化していきます。

千尋さんも、自らを苦しめていた原因を発見してから、これまでに起こった出来事についても、すべては自分の中にあるものが反転して映し出されてしまっていたからだと理解できるようになります。そして、自分が創ってきたネガティブな世界から脱出できると認識できるようになったのです。

ここまでが、「システムゾーン」になります。

どうやってもうまくいかなかったそれまでの人生からようやく抜け出すことができるというステージです。

メタ認知ゾーン

システムゾーンをクリアできた人は人生が大きく変容していく「メタ認知ゾーン」のステージに入っていきます。ここにくると、これまでとはまったく違う感覚を味わうことになると思います。システムゾーンで右往左往していたとしても、本格的に楽しくなってくるのはここからです。

位置【すべてを俯瞰する位置を得る】

「すべてを俯瞰する位置」――この位置を獲得することで、人生は大きく変わり始めます。なぜなら、このシステムを知ったことで自分を認識する次元が上昇し、どんな出来事に直面しても、その俯瞰した位置から見ることで冷静になれるからです。このステージに入ると言動にも知性が醸し出されてくるようになります。

〈ストーリー編〉で自分を苦しめていた原因を発見した千尋さんも、この頃にはあらゆる事象をシステムに当てはめて考えることのできる習慣もつき、冷静に対応ができるようになっています。

自分の強み、弱みも理解でき、自分の判断に自信を持てるようになってきます。

解放【未体験エリアの解放】

すべてを俯瞰する位置を得たことにより、そこから自分を知っていくと、自分の内面にあるプラスとマイナスの二極が自然と整ってきます。つまり内面の葛藤、対立が静まってくるということです。そうなってくることで、今まで自分を縛り付けていた手枷足枷が一斉に外れて、これまでの人生で足を踏み入れていなかったエリアに入ることができるようになり、あっと驚くような体験も頻繁に起こります。

今までの常識を超えてしまう出来事が簡単に起こり、まるで自分が魔法使いになったように感じる人もいるでしょう。そして、今まで生きてきた世界こそ、トリックがつくった幻想であったことが実感できるようになります。

満足できる人生の始まりです。

〈ストーリー編〉の千尋さんも、オンライン講座のための国の支援が受けられたり、TV番組の取材の話が3つも舞い込んだり、駅前の店舗のプロデュースのお話がやってきたりと展開が開け、それだけにとどまらず関係する方々にも好循環が影響し始めました。

認識【時空間の概念を突破し、ダイナミックな空間を認識する】

私たちの理論では、時間は過去から未来に流れていくだけでなく、未来から過去へと流れる時間も同時に存在していると考えます。そして、その過去から未来、未来から過去のベクトルが合わさったところに「現在」という領域があり、ここがすべての現象の発信基地となります。そのような現在という空間を認識できるようになります。

世間でもよく「今が大切だ」と言いますが、どうしてもその感覚がつかめなかった「今＝現在」という真実の空間に入り込むことができるようになるステージです。

「現在」についてはあとで詳しくお話しします。

ここまでが、「メタ認知ゾーン」になります。

メタ認知（meta cognition）という言葉は最近では一般的に使われるようになってきました。高次の（meta）＋認知（cognition）という意味で、自分が認知していることを客観視できる能力のことを指しているようです。

つまり自分というものを超越した位置からあらゆることを俯瞰してとらえることであると言っているのですが、超越した位置をどのように得るのか、超越とは何をいうのかが分からないと本格的なメタ認知は難しいと思います。私たちはシステムによって自分を解体して得られた、次元置換した位置を示しています。

創造ゾーン

ここから始まっていくのが「創造ゾーン」です。全ての原因が自分の中にあるなら、自分の本当に欲しいものもすでに内蔵されているということになります。こんなに嬉しいことはありません。ここまで来たらすべてが思いどおりになると言ってもいい、そんなステージになります。

再創造 【あらゆるものを再創造する】

「システムゾーン」で自分の人生の仕組みを知って、「メタ認知ゾーン」で現在というすべてを生み出す空間を認識できたら、今まではあり得なかったような、まったく違う人生を再創造できるようになります。

それがどうして可能になっていくのかというと、この辺りまでくると、しなやかな自己肯定感が身についてきているからです。

「創造」というと、すごく力を入れて、産みの苦しみを感じてもがきながら創り出していくようなものを思い浮かべるかもしれませんが、このゾーンでは自分の中から湧き上がってくる創造、インスピレーションを自然に表現できるようになります。

その結果、今まで「こんなことはあり得なかった」ことが起きたり、あまりにも大きな夢で、「願ってはいるけれどこんなことは無理だろう」と半ばあきらめていたようなことまで、一気に実現していくようになります。

このステージまで来ると、創造がどんどん膨らんでいき、「〜になりたい」とか単なる願望ではなく、自分が思っていた自らの限界を突破していきます。人生が思いどおりになり、楽しくてしかたがないと心から思えることでしょう。

自分を知ることは本人にとって最高に興味深いことですから何度もシステムゾーンに行って新たな気づきや体験を得たり、テーマパークで遊ぶように、自分の宇宙の可能性を発見しながら進んでいくことができるのです。

これがこのシステムの体験者全ての方々に得ていただきたい領域です。

こうして楽しんでいるうちに自分という宇宙が拡大していき、今までの自分という概念を超えてしまう『新感覚のアイデンティティ』が生まれるのです。最初の入り口こそ、今自分の目の前にある問題や悩みの解決だったとしても、そこに留まることなくシステムを実践していくことで、その先には今まで持っていた自分の理想すら超えるような素晴らしい人生へと、自分自身の力で変えていくことができるのです。

現在では、ＡＩやＶＲの技術を使えば、あたかも異次元に飛び込んだような体験ができますが、これをリアルに自分自身の感覚で味わえるようになるということです。つまり、ちょっと突き抜けてしまったような、新感覚の異次元体験が日常の生活の中でできるのです。

Session 2　欲しいものは全て自分の中にある

人生は思うように創造できる

「自分は何のために生まれてきたのか」「何がやりたいのか」と考え、それを探求し続けている方はおそらくとても多いことでしょう。

しかし、千尋さんのように、システムを理解した方は誰しも〝本当の自分自身〟を知らずに生きてきたことに衝撃を受けて自らを解体していきます。さらに自分を取り巻く事象にはそれをつくり出した仕組みがあるということを学んでいくうちに、それまで抱えていた問題が終わり、それとほぼ同時に、心から「これしかない！」と思えるような道が拓いていきます。

実際に、スクールでは、毎日のように目の前で受講生の生きざまが大きく変容し、創造性が開花していく姿を見ることができます。

実例として〈ストーリー編〉で千尋さんが出会った経営者の橋田さんの展開をもう少し詳しくお話ししましょう。

家業を継ぐことになったものの苦戦していた橋田さんですが、〝システムゾーン〟で自分の隠れたものを次々と発見して自信を取り戻すとともに、アイデアが湧き起こってくるようになります。

新たな息吹を会社にもたらすため、積極的に内外の女性の意見を取り入れて立ち上げた新規事業は、大ヒット商品を生み出しました。何より他者を受け入れる体制が整っていたので、従業員も楽しんで仕事をできるようになったのもその相乗効果を生みました。

自分の認識できない自分を知っていく実践を続けていると、自分を取り囲んでいた鎧のような思考や、決めつけ、自分へのジャッジが消え去り、それとともにプレゼントのように目の前の事象が活性化していきます。

〝メタ認知ゾーン〟に入った彼女には、TV番組への出演、新聞、雑誌などのメディアからの取材もくるようになり、さらに〝現在〟の感覚をとらえてくると、新規事業、新工場設立など思いもしなかった大型取引も生まれ、事業を引き継いだ際の13億円の借金もわずか5年で完済したのです。

これだけでは止まりません。

女性経営者の手腕を認められ、県からの表彰、講演活動、メディア取材……。対立のエネルギーを出していないので全てがうまく回っていた橋田さんにさらに転機が訪れます。それは事業形態の今後を見据えたM＆Aでした。

これもまるで企業同士の結婚のように全てうまく運び、全従業員も高待遇で雇用してもらい、その結果、彼女は経営という重責から外れた自由と潤沢な資金を手にすることができました。

紆余曲折の人生の課題を全てシステムでクリアして「自分を知れば何があっても大丈夫」と安定した彼女の次のステージは「グローバルなコミュニケーションの場の創造」です。

自分がつかんだ幸せはシステムがあれば誰にでも可能だと確信した橋田さんは、〝幸せになれる道がある〟ことを伝えていきたいと決心し、自宅を大改装しサロンを開きました。日本だけでなく、海外からの訪問者のサードプレイスを想定し、地元の観光協会との連携など意欲的に展開しています。言葉どおり、サロンは、現状を一気に突破した経営者や、いろんな立場の人たちの交流でにぎわっています。

ほかにも受講生に国際的に活躍しているピアニストがいらっしゃいますが、ある出来事をきっかけに、婚約者、ピアニストとしての活動、家、お金、全てを失い窮地に陥ったときにシステムと出会い、藁《わら》にもすがる思いで自分の宇宙に進入していきました。そして「そうか！」と人生の仕組みを理解した途端に、まるで逆回転の渦に入り込んだように高速で物事が好転し始めたのです。

文化庁の最高額の助成金が下りる。コンサートを開催するとどこも満員御礼。海外の権威あるイベントにピアニストとして招待される。ある国をイメージすると、すぐそのイメージした国からの出演オファーがくるなど、思ったら思ったままの展開が続き、〝人生のアーティスト〟として日々をフルに楽しんでいます。

「現在」という全てを生み出す聖地

メタ認知ゾーンに「時空間の概念を突破し、ダイナミックな空間を認識する」というエリアがあります。

〝時間は過去から未来に流れている〟というのは人間が信じ込んでいる大きな概念の

時空間のトリック

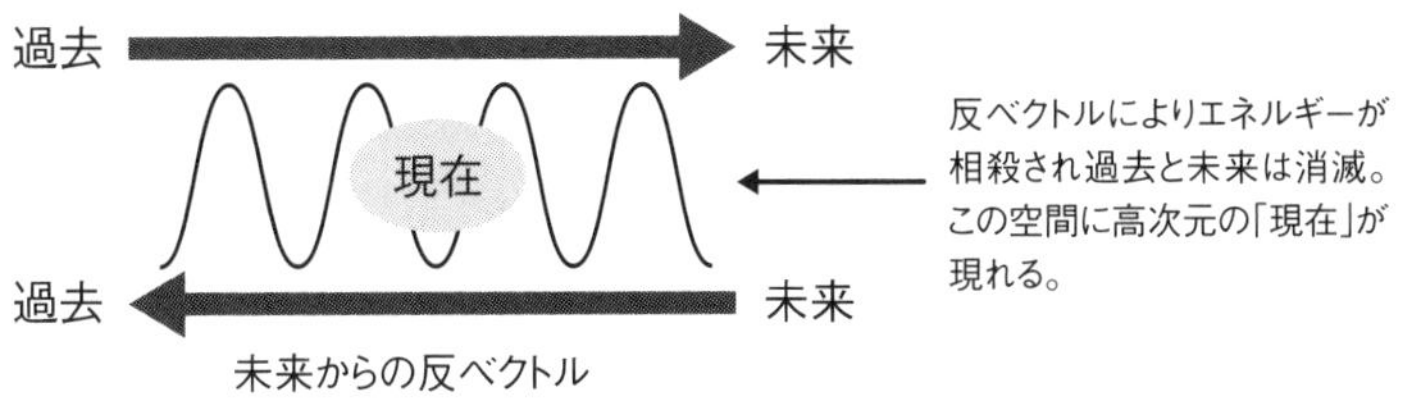
過去
未来
現在
過去
未来
未来からの反ベクトル
反ベクトルによりエネルギーが
相殺され過去と未来は消滅。
この空間に高次元の「現在」が
現れる。

一つだと思います。しかし図にあるように時間は未来からも同時に流れているのです。

これを理解するために最初のルールを思い出してください。

一つの方向に向けられたベクトルには反対側からの反ベクトルがやってきます。

「現在」はこの空間にあります。現在とは過去から未来に流れる一瞬を指すのではなく、過去も未来も全てが内包されている空間のことでした。

ということは「現在」こそが自分の人生の全ての発信基地であり、〝夢や願望〟をかなえる聖地とも言える領域だったのです。

なぜ聖地なのか説明しましょう。

人間は過去から現在を通過して未来に向かっているという今までの概念では、現在は新しいことを考えているつもりでも全て過去からのデータの集積場であり、たとえ未来を想定しても過去の刷り直しにすぎないでしょう。

しかし「現在」が双方向からつくられた空間なら、過去と未来、スタートとゴールも同じところにあるということです。

このことを理解すると、「現在」は過去の痛みや後悔など自分を苦しめる記憶、あるいは未来に描くとてつもない夢などを、どのようにもできる領域であることが分かります。過去を清算し、素晴らしい未来を呼び込む場としたらまるで聖地ではないでしょうか?

いろんな聖地の巡礼も良いですが、ぜひ自分の宇宙の「現在」という聖地に巡礼していただきたいと思います。

この領域に何を認識するのかが人生の質を高めます。

自分が満足できる世界で「生きる」

スタートとゴールが同じ場所なら、スタート時にした設定が結果となるわけですから、夢や願望は未確定要素ではなくなります。

今、豊かでないとか、不足感を認識していたら、あなたの未来は何かが足りない世界が広がるだけですが、逆に今が幸せだと認識できたら、たとえ過去に不幸な出来事があったとしても見方が変わり違う事実が見えてきたりします。つまり、過去にこだわってくよくよしたり、未来を心配で埋め尽くしたりする必要はなかったということが分かります。欲しい未来は現在のあなたのところにあります。重要なのは条件や状況に関わらず、「今」「何を」「どう」認識するかです。それが必ず現象に現れます。「現在」は英語でPresentです。素晴らしい贈り物を受け取ってください。

この「現在」という真実の領域を認識できるようになると、いよいよ自分の思いどおりに人生を再創造していくことができるという、メタ認知ゾーンの最終ステージです。やはり成功者や一流だなと思う人はこの「現在」という領域を本能的にとらえていると思います。

例えば、メジャーリーガーの大谷翔平選手もその一人だと思います。もちろん私は大谷選手に直接お会いする機会はないのであくまで彼のコメントやインタビュー記事などを読んで推測しているのですが、彼は「正解を知っているのは自分だけ」と言っており、他人からの余計な説教などにも耳を貸さないそうです。それは自分を信じるということがすべてのベースにあり、絶対ぶれない芯、メンタルがあるからでしょう。脳は高い目標を掲げるとそれに適応し、達成に向けて成長する。その状態をいちばん知っているのは本人です。また、大谷選手は「今、目の前にある、自分にできることに最善を尽くす」とも言っており、やはり大谷選手クラスの一流の人となると「現在」という領域を体験的によく分かっているのだと思います。

もう一人挙げるなら、京セラを1・5兆円企業にし、KDDI、JALの経営にも関わった稲盛和夫さんです。稲盛氏は最後のインタビューのなかで「86年生きてきていちばん大事なものは何ですか?」という質問に対し、「実績を賞賛されるけれど、どんな環境にあろうとも、真面目に一生懸命に生きること。一つだけ自分を褒めてあげるとしたら、どんな逆境にあっても不平不満を言わずに、慢心せず、目の前に与えられたことを、それが些細な仕事であっても、全身でそれに打ち込んで努力を続けたこと。全生命をかけた努力をしていれば、必ず時間とともに大発展をしていく」

と、答えていらっしゃいました。

このように「現在」というのは、成功者にとっては、確信の領域なのです。稲盛氏が積み上げた実績は、自分がイメージした世界を信じて疑わず、現在という場をジャッジせずに精いっぱい取り組んだということだと思います。

この二人は天才であり努力家であり正真正銘の一流人でしょう。

しかし、あなたが新感覚のアイデンティティを得たなら、彼らと同じステージの方ということになるのです。

世界的に有名とか、一流選手という意味ではなく、〝自分自身であり、自分の存在の力をフルに発揮して、自分が満足できる世界を自ら生み出して生きる〟という意味で、主婦、サラリーマン、アーティスト、学生、子どもなど何であろうが、それぞれが自分の位置で、誰とも比較する必要のない「人としての一流人」になれるということなのです。

自分がすでに持っていながら埋もれていた才能が開花したり、自分しか持っていないオリジナリティが自然に表に出てきたりするため、自分らしさを探す必要もなく、伸び伸びと「自分」を楽しむようになります。

Action

活動編

対立を超えたとき、
社会は大きく
変貌する

体験者による
社会課題への取り組み

「いじめ」や「虐待」が発生するメカニズム

私たちは今までの実績を踏まえて、いじめ、虐待、離婚、家族、教育現場、医療現場など、社会で問題になっているさまざまなカテゴリーにも取り組んでいます。膠着している社会問題に、システムを導入することで風穴を開けていくのが目的です。

子どもの現状や未来にとっても深刻な問題である「いじめ」について、私たちは『いじめが消えるテクノロジー』というテーマでセミナー、講演会を行っています。

1980年代中頃から社会問題化し、いまだに根本的な解決に至っていないのが「いじめ」です。インターネットやSNSなども一般化した現在では、いじめのありようも複雑化してしまい、小学生でもスマートフォンを持つような昨今、特に小さいお子さんを持つ親御さんにとってはとても気になっている問題だと思います。

「いじめ」の背景や取り組みはさまざまですが、どうしてもいじめる側（加害者）の対処、対策に力が偏ってしまいます。これでは全体像を把握できず、根本的な解決に至るのが難しいのです。私たちのシステムから「いじめ」をみるときには、加害者、被害者の関係性―相対は同じものであるというところから紐解いていきます。

いじめられた側はひどい仕打ちを受けている被害者なので、受け入れられない感情は生まれると思いますが、今までお伝えしたように、「相対は表裏一体で同じものであり、反転現象を起こしている」というシステムを通すことで理解していただいています。

まだ頻度は多くありませんが、子どもの教室で簡単な講義をすることがあります。そのときにはいじめっ子といじめられっ子の関係性の話をします。例えばこのような話を図を使って話します。

『Bくんは A くんに対していじめを繰り返していました。

いつもオドオドしているような A くんを見ると、嫌で嫌でしょうがないのです。

なぜ嫌なのかというと、Bくんは家でお母さんにいつも怒られているし、お兄ちゃんはサッカーがうまくて人気者なので、家ではへなちょこ野郎だからでした。

Bくんはそんな自分が嫌いでした。だから弱いAくんを見ているとイライラして、時々我慢できなくなって、Aくんをいじめて「ぼくは強いんだ」とバランスをとっていたんです』

初めていじめのメカニズムを知った子どもはあとで次のような感想を言ってくれています。

「いじめる側もいじめられる側も同じだと分かった」
「いじめられていたのは、私が自分を嫌いだったからだと分かったら、いじめられなくなった」
「私がいじめから解放された体験を話したら、同じことで悩んでいた友達もいじめられなくなった」

システム自体はシンプルで簡単ですから、お子さんでも理解はできます。しかも、システムならば、いじめる子を変えようとすることなく、またいじめられる子が変わろうとする必要もない。ただ、いじめがつくりだされるメカニズムを理解することだけ、それによって、いじめを根本的な解決に導くことが可能になるのです。

さらに、このシステムによる解決策が画期的なのは、いじめる側の子ども、いじめられる側の子ども、どちらか一人がシステムを理解するだけでも、確実に成果が現れるというところです。これによって、「いじめる側が悪い！」「いや、いじめられる側にも原因がある！」「そもそも、いじめがあることを見抜けなかった学校が悪い！」などと、責任をなすりつけあうような論争にも終止符を打つことができるのではないでしょうか。

では、過去のいじめが原因で引きこもりになってしまった子が、いじめのメカニズムを理解したことで、引きこもりから脱出できた一例を紹介しましょう。

小学校の頃、クラスのボス的存在の女の子にお友達をとられたことから独りぼっちになることが多くなったYさん。友達の顔色を見ては人に合わせるばかりで、自分の気持ちをきちんと言えない子どもだったといいます。中学、高校と進学しても状況は変わらず、とうとう引きこもるようになってしまいました。

そんな彼女の人生が、システムによって「いじめが消えるメカニズム」を知ったことから激変します。

まず、Yさんは、「自分をいじめていた自分の意識が目の前にいじめっ子となって現れていた」ということを聞かされます。彼女にとっていちばん衝撃的だったのは「周りに無視されると感じるのは相手のせいではなく、人に合わせてばかりいた私が自分の声を聞かずに無視していたからだ」と聞かされたことだと言います。それまでの彼女は、いつも自分にダメ出しをしてばかりで、自分に自信を持てませんでした。「友達と比べて自分はイケてないところばかりだし、友達にも嫌われたくないから、もっと頑張らないとダメ」と思っていたら、人に会うのが嫌になり、何をする気力もなくなったということでした。

しかし、システムによってYさんは自分こそが「自分いじめ」の張本人だったことに気がつくことができました。すると、目の前のいじめっ子も、自分と同じ、自分のことを好きになれない人なんだと理解ができ、恐怖心が消えました。
その直後に何年も音信不通だった同級生から突然連絡が来たそうです。その同級生との再会から人間関係も変わり、Ｙさんの引きこもりも終わりました。今では明るい未来のことを思い描く毎日だそうです。

さて、こうして引きこもり生活から無事に脱出できたＹさんですが、小学生の頃は「周りから嫌われるのを嫌がったり、人から何か意見されると自分を否定されたりしたように感じた」と話しています。ではなぜ、そう感じていたのでしょうか？

システムによって「自分が自分をいじめていた」ということに気づくのですが、その原因の多くは、幼少期に親から言われた言葉などでつくった思い込みで、自らネガティブな自己イメージを植え付けてしまっているのです。

「もっと頑張りなさい」
「お兄ちゃんと比べてあなたは……」
「どうしてあなたはそうなの！」

親にとって何気ない一言かもしれませんが「私はダメな子」などと思い込み、その間違った自己イメージがその後の子どもの人生に影響を与えていきます。

前にも言いましたが私は親が悪いと言っているのではなく、親もそのように育って自分の人生をつくってきたのです。


では〝親〟という、もう一つの側面から見てみましょう。

〈ストーリー編〉で千尋さんがスクールで最初に出会ったお母さんも、子どものいじめが問題でした。しかし子どもを通して、自分の内面にあるものを知ったら終わってしまったと言っていました。

システムによって、いじめられている子どもは自分の何を映し出しているのだろうと見ていくと、自分も大きなコンプレックスを持っていて常に自分いじめをしていたことが分かったのです。

するといじめられっ子だった子どもの問題も終わりました。

いじめに限らず、不登校、引きこもり、問題児などに悩む親御さんがスクールの門をたたきますが、子どもをなんとかするのではなく、自分の内面を整えるだけでその問題が解決してしまいます。

いじめの問題は学校だけで起こっているわけではなく、社会人になっても、上司と部下、先輩と後輩などの関係性に起こるいじめ、さらにはＳＮＳなどを使って誹謗中傷する陰湿な「ネットいじめ」など、いじめはさまざまな形で起こっています。どのケースもメカニズムは同じなので『いじめが消えるテクノロジー』を応用することで、深刻な関係性を突破していただきたいと願っています。

高齢化社会に向けて

日本の社会問題の大きな課題である高齢化社会。

２００７年に日本は超高齢時代に入り、２０２５年には人口の約30パーセントが高齢者となっているそうです。

同時に少子化も進み、社会保障や経済活動の低下など問題は多方面に広がり、安心して暮らしていく未来のために、社会において多種多様な対策と取り組みが求められています。

WHOが発表した2023年の世界の平均寿命のランキングのトップは日本でした。本来なら喜ばしいことですが手放しで喜べないのが現状でしょう。人間は長さではなく、どう生きるのかという「寿命の質」が大事なのではないでしょうか。

私たちは高齢化社会にできることとして、肉体的な衰えがあっても、精神活動を活性化して生きることにアプローチしています。

シニア世代の体験者も多く、システムを学び今までの人生のカラクリを解いて長年の感情を解放して実にのびのびと毎日を送っています。

80代でボーイフレンドができた方や、InstagramやYouTubeを始めたりして、静かにフェードアウトしていくはずの人生が仲間とともに賑やかになっているようです。

少し私の話をしますと、私の両親は5歳違いですが、ともに93歳で亡くなりました。20代で父の独立とともに商売の道に入り二人でいろんなことを築き上げ、晩年は国内外の旅行を頻繁に楽しんでいました。

二人はいつも一緒で友人も多く、一般的にまあまあ理想的な夫婦だったと思っていました。

しかし父が亡くなる頃になって母は時折認知症の症状を見せるようになり、そのときは、父に恨みつらみとも言える言葉をぶつけたのです。それは何回も続きました。

認知症の方は怒りや小言を周りにぶつけると聞きますが、母が父にぶつけた思いはいつも〝自分はどんなときも一生懸命やってきたのに、あなたが大切にしたのは周りの人や外のことばかりで、私をちっとも見てくれなかった〟という趣旨のことだったのです。母の人生を振り返って考えると、父をどうしても許せない感情が蓄積され、理性が外れたときに噴き出しているのだと分かりました。

どんなに自分を犠牲にして頑張ってきたのかを、娘たちにもある意味出し切り最終的には穏やかに人生を終えましたが、大きなことを教えてくれたと思っています。

今多くのシニア世代の方々の変容を見たとき、システムによって過去の感情を解消することがどれほど大きなことかと思います。無意識であっても、自分を大切にしてこなかったことへの後悔は、人生の締めくくりに向かううえで何らかの形で現れてしまいます。

認知症の原因はさまざまですが、批判的、ネガティブな言動、家族、人間関係の問題などを持っている人はなりやすいという情報があります。

女性のほうが認知症の発症率が高いのは、女性ホルモンの影響があるといわれていますが、現在発症している世代を見ると、女性がさまざまなシーンで我慢を強いられた世代だというのも一つの理由なのではないかと思います。

自分の感情を整えておくことは認知症の予防にもなるとともに、仮に認知症になっても怒りや悲しみなどの感情がなければ、介護をする方の心の負担も軽減されるのではないかと思います。

人生を最後まで自分らしく生き抜くため、シニア世代、また家族の方々にもこのシステムが活用されることを願っています。

未来型人間社会研究室

体験の研究・活動の波及から社会貢献へ

こうしてシステムを実践・活用した、体験の実例が積み上げられ、さまざまな分野やライフシーンに波及効果が実証されてきたことから、体験を研究し、社会に反映させていくために社内に「未来型人間社会研究室」を創設しました。

さらに多くの体験をデータ化し、可視化できるよう、データセンターを設置して解析を進めています。

「未来型人間社会研究室」では、体験者それぞれの職業、社会的ポジションなど同じ属性を持つ方々や、同じ分野の体験を持つ方々で構成されたチームを作り、体験事例の研究・活動を行っています。

●親子・家族

社会におけるさまざまな問題を、大元の家族から見つめていこうという取り組みです。親子関係、不登校など、研究のテーマは多岐にわたります。「家族はチームだ」という新たな発想で、新しい家族のあり方が見いだされています。

●いじめ・虐待・子ども関連

いじめ、虐待をした側、された側双方からの体験を発信。複雑な関係性を紐解き、ソリューション開発に取り組んでいます。学校関連、公共団体などとの連携も進めています。

●結婚・恋愛

新しいパートナーシップのあり方を、マリッジカルチャーへ。結婚の価値が下がり、少子化が問題になっている今、男女関係の大きな可能性と実証をイベントなどを通して発信しています。

●教育関連

教育関係者、親と子で創るこれからの教育の在り方や、実際に直面する課題についてそれぞれの立場をフラットにした体験研究の場。公共イベントに参画しながら大人と子どもと先生が一つになる活動を進めており、同時に子どもたちの才能開花へと結びついています。

●人間関係―コミュニケーション

家族、学校、社会の中で起こるコミュニケーションの問題を、心のバリアフリーというテーマで、学校関連、公共団体と連動しながら、コミュニケーションに革命を起こす活動を行っています。

●医療・介護現場

それぞれの現場で働く従事者たちによる従事者向けのメンタルケアやコミュニケーション課題の研究。日々直面する現場の事例などの情報交換がなされ、イベント等で成果を発表しています。

●経営者、各ジャンルのリーダー

大きな責任を持つ立場にある人たちが共通に持つ課題を、各々の豊富な体験と新しい見地からとらえ直し、伸びやかに社会を牽引《けんいん》していく方向性を探っています。

●シニア世代のセカンドライフ

高齢化が進み寿命が延びたものの、その実態は決して明るいものとは言えません。人生の最後までいかに自分らしく〝生きる〟ことができるのか、自分たちの変容をもとに世代、ジャンルを超えてコラボしています。

など、さまざまなライフシーンに起きる事象をどのように軽やかに乗り越えていくことができるか、実体験を通して研究・発表しながら活動するラボラトリーチームやプロジェクトです。

社会活動の展開（NEXT JAPAN EXPO）

私たちは社会活動の一環として、年に一度国立京都国際会館で大きなイベントを行っています。コロナ禍の規制が終わり、２０２３年に行った10回目は「NEXT JAPAN EXPO　地球上にまっさらな平和を」をテーマに、各ジャンルで問題を終わらせた体験者をはじめ、さまざまな団体や個人が集い、より幸福な「新しい日本」を目指して持続可能な未来の構築に向けた知識や情報を共有しました。

当日は「まっさらな平和への提言」というタイトルのもと、メインステージでの講演をはじめ、大阪・関西万博ゾーン、共創チャレンジゾーン、ライフシーンゾーンなどに分かれた数々のブースで、それぞれトークセッションやデモンストレーションなど、60項目にもわたる内容がさまざまなスタイルで展開されました。

ここではシステムによって人生が良い方向に激変した方々による体験談がいたるところで語られ、中には輝kidsと称した子ども主体のブースもあり、子どもからの平和のメッセージやリズム体感遊びなどが行われました。来場者には興味のあるさまざまなブースを楽しんでいただけたのではないかと思います。

また、運営側もカテゴリーやテーマを超えて協力し合いながら、アイデアや創造力を結集し、より良い未来を築くための場になりました。

私たち一人ひとりの内面の平和が、大いなる課題にも対応し、個人の集合体である社会を一新していく。そして私たちの目標でもある「対立を超えた世界」を創ること、そこに着々と近づいていることを示すイベントになったと思います。

今後も大きく変化する世の中に沿ったタイムリーな企画で展開を続けていきます。

「幸せ」が創り出す
未来社会への展望

揺るがない幸福感

このシステムを学び実践した多くの人は、年齢や性別、社会的ステータスなどには全く関係なく、それぞれが創造的な人生を歩み出し、本当に面白い展開を見せてくれています。自分の中心から次々とイマジネーションが湧き出てくるようで皆さんが活き活きと自分の人生を楽しみながら創造しています。

それはシフトチェンジというような過去の延長線上にあるものではなく、まるでパソコンのＯＳを初期化してしまうように、一人ひとりの思考や感情を初期化し、それぞれの人生をバージョンアップしているのです。

システムを学んでいくとこのような創造する力が自動的に解放されていきます。夢中になって遊ぶゲームの中で自由に日常を操ったり、冒険者になったりするような感覚で生きることができるのですから、リアルな日々が面白いことこの上ないです。

もちろん日常はいろんな人と関わりがあり、いろんなシーンがありますから、問題や嫌なことが起こらないということではないです。

大事なのはシステムを使えばそこに取り込まれることなく、それらのことが終わっていくということです。なにより何かが起こったら、それは知らずに溜め込んでいた自分のいらなくなったゴミに気づくきっかけなので、居酒屋さんのように〝喜んで！〟と受け取ってしまうことです。

今まで過去の記憶を目いっぱい搭載していた、泣く、怒る、悲しむ、苦しむ、などが、一時の感情で昇華され、後を引かないというのは画期的なことではないでしょうか。

それらを含めて「人生って、楽しい」と言えるのです。

今、外側に重心を置いたら、先行き不透明で不安な出来事ばかりが押し寄せてくるような時代です。ここを健やかに生き抜くために最重要なのは、ぶれない自分、自分の中心軸を持つということだと思います。

システムによって自分の中の対立や葛藤を解除していくと、自分で自分を認める自己肯定感を得ることができます。受講者の多くはこの自己肯定感の欠如でした。自分に自信がないとは思ってもいない人でも、システムどおりコンプレックスがバネになっている場合がほとんどです。

そして、その自己肯定感から生まれてくるのが揺るぎない「幸福感」なのです。

幸せという言葉は世の中に溢れていますが、私たちのシステムによって得られることれまでに経験したことのない幸福感を『信・愛・和・生』という4つの文字で定義しています。

し・信　自分と他者　自分に起こる事象への信頼
あ・愛　何も欠けていない完全性
わ・和　自分自身、他者、社会、全てとの調和
せ・生　自らの命の躍動感

もう少し説明を付け加えましょう。

自分自身を深く信じることができたら、外側のことに惑わされなくなります。そして、信じる世界しか見えなくなってきます。「我」が強いと外側と対立してしまうのですが、「自分」が確立することによって、外側にいる相手や社会すべてと調和できるようになります。その結果、自分そのもので、いきいきと生きていくことができる

のです。

日本から幸せのカルチャーを世界へ

まずは一人ひとりが幸せになることで、家族、仕事場などで関わる人たち、社会が幸せになるのは自然な成り行きでしょう。しかし、社会の事件などをニュースで見ていると、その事件を巻き戻せば結局家族の問題、家族を構成している個々の問題にたどり着きます。このままではその連鎖に終わりはありません。

社会から見たら個に対するアプローチは時間がかかると思われるかもしれませんが、確実であり、世界がネットでつながっている今、その人数が多くなれば一気に広がっていくことも予想されます。

実際システムで得た幸福感を持つとその波及力は半端なものではなく、累乗で変化が波及しているのです。

対立を超えるこのシステムの可能性を考えるとき、私は国レベルのカルチャーに思いを馳せています。先進国の定義、国の実力を決める指標は時代によって価値が変わってきますが、今までは、経済、軍事、外交面の強い国が他国を従属させていました。そこに今もう一つの条件が加わっているそうです。

それは国の文化的成熟度を示す文化力です。

カルチャーは、言語、制度、哲学、科学技術、芸術など多角的な有形、無形のものがあり、国民の生活様式が影響しているということですが、『今までの国力の指標に加わる文化力は、力で従属させるのではなく、摩擦を感じさせない文化力である』という記事を見ても、日本こそ「幸せ」というカルチャーを打ち出す国にふさわしいのではないかと思うのです。

オリンピックで注目を集めた「おもてなし」。インバウンドで多く訪れる海外の旅行者からもそれを感じていただいている情報が多々あります。

また災害時における日本人の態度に、海外から賞賛の声が上がることも多いです。

もともと日本人の精神性にある「和」の力ですが、今社会を見回したらそれは○○道とかスポーツマンシップとか一部の特別なところに見られても、ＳＮＳなどで顕著に現れているようにどの国とも同じように〝我〟のせめぎ合いの姿が見えるのも事実です。

しかし、日本人に本来備わっている、物事を受け入れる力、対立しない優しい関係性を築ける素養は、必ず取り戻せると思うのです。日本人の特性であり、時にはバカにされる〝なんでも受け入れる〟という要素を洗練させる働きかけさえあれば、国として誇れるカルチャーにも発展する可能性があると私は確信しています。

個々の内面の秩序を取り戻させる私たちのシステムが、その一助になることを願ってやまないのです。

国の取り組みの中で、内閣府が打ち出している「ムーンショット目標」があります。これは少子高齢化の進展や、地球温暖化問題への対処など問題山積の日本の未来をより良く変えていくため、科学技術で果敢に挑み、人々の幸福の実現を目指す野心的な目標で、目標達成の２０５０年までに掲げられている内容を見るとまるでＳＦのように感じる内容です。

特に一つ目の目標である「人が身体、脳、空間、時間の制約から解放された社会を実現」では、ロボットなどの科学技術を使って人間をどんどん拡張していくことを設定しています。

私はこれを知ったときにとても面白いと思いました。

私たちは科学技術ではなく意識を使って、『身体、脳、時空間からの解放を実現し、新しい人間への拡張—新感覚のアイデンティティ』で生きる人々を生み出しているからです。

いずれにしても人間はこれから想像もつかない世界へと突入していくのではないかと思います。その中で如何様にも対応できるしなやかな人間として生きていく準備をしておく必要があると私たちは思います。

エピローグ

今までの人生が全く邪魔をすることなく、何歳であっても自分が満足できる人生を創れるとしたら、人は戸惑うでしょうか。

もしかしたら、「いや、そこまで望んでないです」と思う方もいるでしょう。

スクールで学んだ方々も、最初はまず「この問題を何とかしたい」から始まっている方々が多いです。しかし私は、このシステムを学ぼうとした時点で、今までの状態を変えて自分らしく生きている自分、心の奥底に押し込んでいた未知の自分に出会うという、何らかの予感を感じているのではないかと思うのです。

実際、最初は問題解決が入り口であっても、自分を知っていくというプロセスの中で、自分に張り付いた本当の自分でないものが剥がれ落ち、本来の状態に戻ったとき、傷などなかった自分に気づきます。その本来の自分が予感を与えているのではないでしょうか。

それは病気になって傷がついた細胞が、治療によって最初の傷のない細胞の記憶を取りもどし、再生させる働きのようなものだと私は思います。

ありがたいことに、これはイメージではなく、システムで変容した方々が口々に「自分の本来の居場所は何も問題がなかった」と、伝えてくれることです。

人間は長い間二つに分かれた世界の中で、自分とも人とも戦ってきました。傷つくのは当たり前で、傷の修復も一進一退だったと思います。

二元性という〝分離〟が宿命だった世界の限界は近づいていると思います。今の訳の分からないような社会の混乱がその現れなのではないでしょうか。


しかし人間の本当の力は無限大です。

私たちがスクールを開設した本来の目的は問題解決ではなく、それぞれの人間が本来持っている創造性を目覚めさせ解放させることにありました。

『システムを使えばどんな人でも想像もできなかったほどの可能性に出会える』

ROSSCOと私の当初の願いは今体験者がどんどん見せてくれるようになりました。

こんな社会を「生きるって、楽しい」と実感する一人ひとりが周りに影響を与え、その集積でドミノ倒しのようにパタパタとひっくり返していく様を見てみたい、今こそそれをする時なのだと思っています。

この確信を得たのは、多くの体験者の実践と、その成果をさまざまな形で表現していただいたことが大元であることは間違いありません。

全ての体験者の皆さまが、本書の出版に力を与えてくださったことに心より感謝いたします。

そして、今もインスピレーションを与え続けてくれているパートナーのROSSCOにBigな「ありがとう」を送ります。

〈ストーリー編〉の千尋さんがこのシステムに出会った最初に「行き詰まった人生に一筋の光が射し込んだ」と言ったように、本書を読み希望や明るい兆しを感じていただけたら著者としてこれ以上ない幸せです。

松本美登里（まつもと・みどり）

株式会社ミロス・インスティチュート代表取締役
日本女子体育短期大学舞踊科を卒業後、広告代理店に勤務。企画・制作・プロデュースを担当し、数々のクライアントの人生に関わり、その人生を物語化した企画をヒットさせる。また複数の飲食店のプロデュースにも携わる。

人生のさまざまな体験を通して、時空間の概念や常識を超えたところに人間の真実があると考えるようになる。1999年、人間社会そのものを変容させるシステムを発見していたROSSCOと出会い、2001年に結婚。人々が日常で使うことができるようにシステムを体系化し、意識のテクノロジーとして完成させた。さらに多くの人にシステムを正確に使ってもらうため会社を設立。2007年にスクール運営を開始する。

2018年ROSSCOの他界後は株式会社ミロス・インスティチュートの代表を務める。

人間をもっと面白い存在にしたいという想いから、人々が人生を『壮大なエンターテインメントの劇場』として実感できるための活動に余念がない。

本書についての
ご意見・ご感想はコチラ

生きるって楽しい！
新感覚のアイデンティティ

2024年5月9日　第1刷発行

著　者　　松本美登里
発行人　　久保田貴幸

発行元　　株式会社 幻冬舎メディアコンサルティング
〒151-0051　東京都渋谷区千駄ヶ谷4-9-7
電話　03-5411-6440（編集）

発売元　　株式会社 幻冬舎
〒151-0051　東京都渋谷区千駄ヶ谷4-9-7
電話　03-5411-6222（営業）

印刷・製本　中央精版印刷株式会社
装　丁　　弓田和則

検印廃止

Printed in Japan
ISBN 978-4-344-94788-7 C0034
幻冬舎メディアコンサルティングＨＰ
https://www.gentosha-mc.com/